中国语

文型

中国语

기초중국어 교과교육 학습 다지기

중국어 문형

오길용 지음

신아사

머리말

일반적으로 중국어는 정확한 의미를 표현하기 쉽지 않기 때문에 사물을 논리적으로 생각하기 어렵다고 말한다. 논리적으로 생각하기 어렵다는 것은 인구 유럽어처럼 구와 구를 연결하여 문장을 만드는 전치사, 접속사, 관계대명사가 적기 때문일 것이다. 중국어는 동사의 시제를 표현하는 형태 변화도 없고 격의 표시도 없다. 단어의 위치가 격을 대신하지만 이것도 정확하지 않다. 엄격히 이야기하면 문장은 단어 하나 하나가 나타내는 의미의 관계가 결정하는 것이다. 그래서 중국어 문장은 언어단위를 조합해서 만들어진다. 그러나 언어단위를 모은다고 문장이 될 수는 없다. 즉 문장을 구성할 때 우리는 무의식적이지만 어떤 일정 규칙에 따라 중국어를 조합해서 언어활동을 하고 있는 것이다.

또한 중국어는 우리 한글처럼 띄어쓰기가 없기 때문에 획수가 많은 한자로 쓰인 신문이나 책, 잡지를 보면 답답함을 느낄 수 있다. 한글에 익숙한 우리는 한자의 많은 획수에 중압감으로 중국어가 어렵다는 선입견을 갖는다. 우리말은 '그러나, ~에서, ~을, ~을 할 수 있다'와 같은 접속사, 전치사, 조동사를 갖춘 문장은 명쾌하고 빠르게 읽을 수 있다.

그러나 이러한 허사가 적은 중국어는 하나의 독립된 의미를 지닌 개념어가 많다. 개념어를 나열한 문장은 직관적으로 알 수 있지만, 단어의 배열구조나 어순을 모르면 해석하기는 쉽지 않다. 집에는 기둥이 있듯이 언어에는 구문이 있다. 중국어는 단어에 어미의 활용이나 어휘에 문법표시가 없어 문형이 매우 중요하다. 중국어를 정확하게 쓰거나, 유창하게 언어를 구사하고 싶은 사람은 문장의 구조와 기능을 이해하는 것이 단어를 기억하는 것 이상으로 중요하다.

본 책은 중국어 구문을 분류하여 문형에 따라 해설한 기초 중국어 입문서이다. 특히 중국어의 어순을 배치하는 능력을 향상시키는데 초점을 두었다. 중국어 학습자의 시각에서 20개의 구형을 정리하고 풍부한 예문을 넣었다. 가급적 어려운 문법이론은 피하고 초급 학습자들도 이해하기 쉽게 설명했다. 내용에 부족함이 많으나 전공자들의 학습보조 교재로 활용하기를 바라는 마음 간절하다.

아울러 출판업의 어려운 시기에 쾌히 발간에 응해주신 신아사에 감사를 드린다.

2017년 8월 연구실에서

오길용

목차

Unit 01
중국어의 기본구조

1. 중국어 문법의 특성

중국어는 문법 관계를 어순과 첨사(添辭)의 방법으로 나타낸다. 한국어와 달리 조사가 없기 때문에 문법 관계를 어순으로 나타내는데, 중국어의 어순은 '주어+부사어+술어+목적어/보어'이다. 일반적으로 중국어는 다음과 같은 특징을 가지고 있다.

■ 중국어의 어순은 문법적 구조와 문법적 의미에 중요한 영향을 준다.

영어나 불어, 독어 등의 인구어와 달리 중국어는 형태변화가 없기 때문에 어순이 아주 중요하다. 중국어의 문장은 단어와 단어가 결합하는 방식으로 구성되며, 문장성분을 배열하는데 있어 일정한 순서에 따라 문법적 관계가 결정된다. 즉 어순은 문장의 의미를 나타내는데 중요한 역할을 한다. 중국어 어순은 비교적 고정적이다. 주어는 술어 앞, 목적어는 술어 뒤, 수식어는 중심어 앞, 보어는 중심어 뒤에 위치한다.

중국어의 문법단위(형태소, 단어, 구, 문장, 단락)는 어휘적 의미 외에도 문법적 의미가 있다. 문법적 의미는 문법단위의 조합과정에서 만들어지는 여러 가지 문법적 관계의 의미이다.

중국어 문장 "我吃了饭"의 '了'는 동작의 완성을 표시하고, "我看他"에서 我는 행동의 주체인 능동이고 他는 행동의 수동을 표시하는 문법적 의미를 가지고 있다. 이 문장의 문법적 구조는 주어 + 술어 + 목적어의 어순이고, 문법적 의미는 동작의 완료와 능동과 수동이다.

어순은 문법과 수사상의 필요에 따라 변화시킬 수 있으나, 어순이 변화하면 구조가 바뀌어 문장의 의미가 달라진다. 예를 들어 보자.

我们理解(주어+술어)	理解我们(술어+목적어)
快走(부사어+술어)	走快(술어+보어)
走不出去	不走出去(서로 다른 의미를 가진다)
你们过来!	过来! 你们(의미상 강조, 감정의 차이가 다르다)

이처럼 문장에서 사용한 단어는 같지만 어순이 다르면, 전달하는 의미가 다르다.

■ 품사와 문장성분의 관계가 다양하다.

중국어는 하나의 품사가 여러 개의 문장성분이 될 수 있다. 인구어는 품사와 문장성분 관계가 대응관계이다. 동사는 술어, 명사는 주어와 목적어, 형용사는 관형어, 부사는 부사어와 대응한다. 동사, 형용사는 주어의 위치에 올 수 없다. 단지 명사성 성분으로 바꾸어 목적어가 될 수 있다. 예를 들면 동사 'read'는 동사이고 술어만 될 수 있다. 만일 주어나 목적어가 되려면 부정사 'to read' 또는 분사 'reading'으로 바꾸어야 한다.

그러나 중국어는 명사, 동사, 형용사의 기능이 다양하다. 중국어는 동사와 형용사가 술어나 목적어가 될 수 있으며 형태의 변화는 없다. 또한 동사와 형용사는 부사 不의 수식을 받을 수 있다. 동사와 형용사가 대응하는 문법기능의 차이는 동사가 목적어를 가질 수 있으나 형용사는 가질 수 없다. 형용사는 부사 很의 수식을 받지만 동사는 받을 수 없다. 명사는 주어, 술어, 목적어, 관형어, 부사어가 될 수 있다. 이처럼 중국어는 품사와 문장성분과의 관계가 복잡하다. 같은 어휘가 문법기능의 차이로 다른 형태의 단어로 분화되는 경우가 드물다. 예를 들면 영어는 'happy, happily, happiness'로 나눌 수 있지만, 중국어의 幸福은 나눌 수가 없다.

■ 중국어는 음절의 수가 문법의 구조(형태)에 영향을 준다.

인구어는 음절의 수가 문법에 영향을 주지 않지만, 중국어의 어휘구조는 일음절과 이음절의 영향을 받는다. 중국어에서 사람을 호칭할 때 '小李, 老李, 英哲'라고 말하지 단독으로 李, 老英哲라고 말할 수 없다. 또한 이음절어는 뒤에 배열되는 단어도 이음절어를 요구한다. 进行, 共同 등 이음절 동사 뒤에는 进行调查(×进行调), 共同使用(×共同用), 打扫街道(×打扫街), 严重事故(×严重事)처럼 이음절 단어를 붙여야 하며, 走的路线처럼 일음절 동사가 이음절 동사를 수식하면 일반적으로 '的'를 붙인다. 중국인은 음절에 균형을 맞추어 대칭을 만드는 의식이 있다. 이음절 단어는 세 개가 아닌 네 개의 음절로 구를 만드는 4자구가 많다. 명사와 동사를 조합하여 관형어와 중심어로 구성한 文学评论, 货物运送도 4음절로 표현하지 3음절의 文学评, 货物运라고 말하지 않는다.

■ 형태변화가 없으나 풍부한 허사가 여러 가지 문법 관계를 표현한다.

영어나 불어 등 인구어는 형태 변화가 발달되어 있다. 즉 동사에 현재나 과거의 시제를 표시하거나, 한 사건의 지속, 완료(相) 등을 표시하는 형태소가 있고, 문장에서 명사와 대명사에는 성(性), 수(数), 격(格)을 표시하여 문법적 기능을 하는 형태소가 있다. 그러나 중국어는 동사의 인칭구분, 동사의 단수와 복수의 구분, 동사 뒤에 시제를 표시하는 형태소가 없다. 중국어의 시제는 주로 시간사에 의하여 현재, 과거, 미래를 나타낸다.

중국어는 같은 결합성분이라도 허사가 다르면 그 의미가 다르다. 허사는 문법 관계에서 문장구조를 결정할 수 있는 중요한 기능을 한다. 예를 들면 '的, 们, 了, 着, 过'는 어휘의미가 없다. 문장에서 다른 실사나 구에 붙어서 문법적의미를 나타낸다. 주술관계인 '祖国伟大'에 的을 첨가한 '祖国的伟大'는 수식관계이다. 이처럼 허사(唉, 哈, 和, 或, 的, 被, 把)에 따라 그 문장의 강조성과 의미가 달라진다. 예를 들어 보자.

他在写一篇文章.(진행)

你回去吗?(의문)　　你回去吧!(권유)　　你回去嘛。

买杂志　　买的杂志　　买杂志的

■ 모든 문법단위의 형태가 공통성을 가지고 있다.

중국어의 문법단위인 단어, 구, 문장은 기본적으로 동일한 형태이다. 형태소가 단어를 구성하는 구조와 단어가 구, 문장을 구성하는 구조가 동일하다. 영어는 대부분 접두사와 접미사를 붙여 파생어를 만든다. 반면에 중국어는 파생어가 적고 복합어가 대부분이다. 단어의 구조가 구, 문장의 통사구조에 있어서 기본적으로 일치한다.

	주술식	수식식	동목식	동보식	연합식
단어	地震	黑板	将军	扩大	美丽
구	地动	新衣服	看电影	写得很好	调查研究
문장	大地震动了.	快跑!	下雨了.	说下去!	春去夏来

2. 문장의 성분

중국어 문장을 구성하는 성분은 주어, 술어, 목적어, 관형어, 부사어, 보어 등 6종류이다.

■ 주어

주어는 문장의 앞에 위치하여 동작, 상태, 속성의 주체 등을 나타낸다. 즉, 주어는 술어의 동작, 행위, 서술, 묘사 대상이다.

'누가 무엇을 하다, 누가 어떻다, 무엇이 무엇을 하다, 무엇이 무엇이다.'의 형식이다. 화자가 진술하려는 '누구'나 '무엇'에 해당하는 앞부분이 주어이다. 주어로 쓰일 수 있는 성분은 일반적으로 명사나 대명사, 구이다.

太阳出来了. 해가 떠올랐다.(명사)
我不认识他. 나는 그를 알지 못한다.(대명사)
游泳是一种很好的运动. 수영은 좋은 운동이다.(동사)
細心是他的特点. 세심함이 그의 장점이다.(형용사)
个个都是好青年. 개개인 모두 훌륭한 청년이다.(중첩된 양사)

九是三的三倍. 9는 3의 세 배이다.(수사)
一年是三百六十五天. 1년은 365일이다.(수량구)
我和他是中国人. 나와 그는 중국인이다.(연합구)
我们明天去比较合适. 우리는 내일 가는 것이 비교적 좋다.(주술구)
爬山对身体很有好处. 등산은 몸에 좋다.(동목구)
能去最好, 不去也没关系. 갈 수 있으면 가장 좋지만, 안 가도 괜찮다.(수식구)
说起来容易. 말하기는 쉽다.(보충구)
吃得太饱不好. 너무 배부르게 먹는 것은 안 좋다.(보충구)
大一点好看. 조금 크면 예쁘다.(보충구)
村子里有很多农器具. 마을 안에 농기구가 많다.(방위구)
红的最好看. 빨간 색이 가장 예쁘다.(的구자)

■ 술어

술어는 주어 뒤에 놓여 주어의 동작, 상태, 속성 등을 나타낸다. 술어는 주어에 대한 서술, 묘사이다. 주어가 '어떻다, 무엇을 하다' 또는 '무엇이다'라고 설명하는 뒷부분이 술어이다. 술어로 쓰일 수 있는 성분은 일반적으로 동사나 형용사. 구 등이다.

他最近访问了很多地方. 그는 최근에 많은 곳을 방문했다.(동사)
树叶绿了. 나뭇잎이 푸르러졌다.(형용사)
研究的结果怎么样? 연구결과는 어떻게 됐냐?(대명사)

昨天阴天. 어제는 날씨가 흐렸다.(명사)
运动员的身体又高又壮. 운동선수의 신체가 크고 건장하다.(연합구)
那个人我认识. 그 사람을 나는 안다.(주술구)
枫叶渐渐红起来. 단풍이 점점 빨개지기 시작한다.(수식구)
苹果五斤, 梨三斤. 사과 다섯 근, 배 세 근.(수량구)
同学们去教室上课. 학생들이 수업 받으러 교실로 간다.(연동구)
大家选他当代表. 모두 그를 대표로 뽑았다.(겸어구)

■ 목적어

목적어는 기타 成分에 의지하지 않고, 직접 동사 뒤 또는 동사와 의미관계가 있는 문장성분에 위치하여 동작, 행위가 미치는 사람이나 사물을 표시한다. 즉 문장에서 동사의 지배를 받으며 동작이 언급하는 대상이 되는 '누구, 무엇, 어디'등에 해당하는 성분을 말한다. 서술어가 형용사나 자동사인 경우 목적어를 동반할 수 없다.

老师教汉语. 선생님은 중국어를 가르친다.(명사)
他在上海住哪里? 그는 상해에서 어디 사느냐?(대사)
二加二等于四. 2 더하기 2는 4이다.(수사)
他买了许多电影票, 给我留了两张. 그는 영화표를 많이 사서 나에게 두 장을 주었다.(수량구)
学生们每天早上八点开始学习. 학생들은 매일 아침 8시에 수업을 시작한다.(동사)
他觉得十分高兴. 그는 아주 기쁘게 생각한다.(형용사)

这个问题我们已经进行了多次研究. 이 문제를 우리는 이미 여러차례 연구했다(동사성구)

我知道他今天回来. 나는 그가 오늘 돌아오는 것을 알고 있다.(주술구)

他没来上课是由於身体不好. 그는 몸이 안 좋아서 수업을 들어 오지 않았다.(전치사구)

这是我朋友的. 이것은 내 친구 것이다.(的자구)

■ 관형어

관형어는 명사, 명사성 단어 앞에 쓰여 이를 수식 또는 한정하는 성분이다. 관형어는 중심어(피수식어) 앞에 놓여 중심어의 성질.형상.재료.수량.소유.장소.시간.범위 등을 나타내는 성분이다.

■ 묘사성 관형어

묘사성 관형어는 중심어 앞에 놓여 중심어의 성질·상태·특징·재료 등을 나타낸다.

她已经是三个孩子的母亲了. 그녀는 이미 세 아이의 어머니이다.

他是一个勇敢的人. 그는 용감한 사람이다.

■ 한정성 관형어

한정성 관형어는 중심어 앞에 놓여 수식어가 시간·장소·소속·범위·수량 등을 나타내고, 주어나 목적어에 대하여 한정하는 것이다.

是晚上七点的车票. 이것은 저녁 7시 차표이다.

我们遊览了西安的名胜古迹. 우리는 서안의 명승지를 구경하였다.

■ 부사어

부사어는 술어를 수식하는 모든 성분을 지칭하며, 그 종류가 상당히 많다. 즉, 시간, 장소, 방식, 원인, 도구 등을 나타내는 부사와 대부분의 전치사구는 주로 부사어가 된다.

■ 동사 앞의 부사어 : 부사어 + 동사술어

他昨天参加了一个宴会. 그는 어제 연회에 참가했다.

他很关心大家的健康. 그는 모두의 건강에 관심이 있다

今天他又打了一个电话. 오늘 그는 또 전화를 했다.

■ 형용사 앞의 부사어 : 부사어 + 형용사술어

他非常谨慎. 그는 매우 신중하다.

他对人很热情. 그는 사람들에게 친절하다.

■ 보어

중국어의 보어는 한국어의 보어와 개념이 다르다. 중국어의 보어는 동사 술어나 형용사 술어의 뒤에 위치하여 그 동사나 형용사를 보충 설명하는 성분이다. 어순상으로 보면 목적어와 같이 술어 뒤에 위치하지만, 목적어와 보어는 쉽게 구분할 수 있다. 목적어는 대개 명사적 성분이지만, 보어는 주로 동작에 대하여 보충 설명을 하기 때문에 비명사적 성분이 대부분이다.

중국어의 보어로는 방향 보어, 결과 보어, 정도 보어, 가능 보어, 수량 보어 등이 있다.

주어		술어 동사	목적어
我	昨天	买到了	这本语法书
	부사어	동사 + 보어	관형어 + 명사구

请大家站得紧一点儿. 모두들 좀 좁혀 서십시오.

请你说得具体一点儿. 좀 구체적으로 말해 주십시오.

我找到了那本书. 나는 그 책을 찾아냈다.

他念到了第十三页. 그는 30페이지까지 읽었다.

我已经学到第四课了. 나는 벌써 제 4과까지 배웠다.

他走到学校了. 그는 학교까지 걸었다.

他们从中国回到了韩国. 그들은 중국에서 한국으로 돌아왔다.

他拿一本书来了. 그는 책 한 권을 가지고 왔다.

她进教室去了. 그녀는 교실로 들어갔다.

昨天他来了两次. 어제 그는 두 차례 왔다.

中国我去过三次了. 나는 중국을 세 번 간적이 있다.

3. 중국어의 어순

어법적인 측면에서 한국어와 중국어의 가장 큰 차이점이 있다. 하나는 우리말에는 접사가 있지만, 중국어에는 접사가 없다는 것이다. 다른 하나는 우리말에는 주로 접사나 활용 어미를 써서 어법적인 관계를 나타내는 언어인 교착어이지만, 중국어는 어미 변화나 접사가 없고 어법적인 관계는 오직 어순이나 첨사에 의해서 나타내는 언어인 고립어이다.

중국어의 기본 어순은 '주어+술어+목적어'이다. 여기에 부사어와 관형어, 보어까지 포함시키면 아래와 같다.

■ 중국어의 기본 어순

- (부사어) + (관형어) + 주어 + (부사어) + 술어 + (보어) + (관형어) + 목적어

■ 기본 구조

- 주어 + 술어 + 목적어

我吃汉堡包. 나는 햄버거를 먹는다.

■ 관형어의 위치

- 관형어 + 주어 + 술어 + 관형어 + 목적어

我的朋友吃三个汉堡包. 나의 친구는 햄버거 세 개를 먹는다.

■ 부사어의 위치

- 주어 + 부사어 + 술어 + 목적어
- 부사어 + 주어 + 부사어 + 술어 + 목적어

我刚刚吃完了汉堡包. 나는 막 햄버거를 다 먹었다.

今天他又打了一个电话. 오늘 그가 또 전화했다.

■ 보어의 위치

- 주어 + 술어 + 보어

我吃完了. 나는 다 먹었다.

- 주어 + 술어 + 보어 + 목적어

我吃完了汉堡包. 나는 햄버거를 다 먹었다.

■ 관형어와 보어의 위치

■ 관형어 + 주어 + 술어 + 보어 + 관형어 +목적어

我的朋友吃完了两个汉堡包. 나의 친구는 햄버거 두 개를 다 먹었다.

■ 관형어 + 주어 + 부사어 + 술어 + 보어 + 관형어 +목적어

我的朋友刚刚吃完了两个汉堡包. 나의 친구는 막 햄버거 두 개를 다 먹었다.

■ 부사어 + 관형어 + 주어 + 부사어 + 술어 + 보어 +관형어 + 목적어

在麦当劳，我的朋友刚刚吃完了两个汉堡包. 맥도날드에서, 나의 친구는 막 햄버거를 두 개 다 먹었다.

■ 7개 부사의 어순

■ 어기부사 / 시간부사 / 빈도부사 / 범위부사 / 상태부사 / 정도부사 / 부정부사

爸爸最近常常很晚回家. 아버지는 요즘 자주 늦게 집에 돌아온다.

4. 문장의 구조

여섯 종류의 문장성분을 조합하여 다음과 같은 문장구조를 만든다.

■ 주술 구조(주어+술어)

주술구조는 가장 많이 사용하는 구조이다. 중국어는 동작의 주체뿐만 아니라, 동작의 대상, 시간, 장소 등도 주어(실질적인 주제)가 된다.

- 동작 주체 : 孩子们 在学习. 아이들이 공부하고 있다.
- 동작 대상 : 书 看完了. 책을 다 봤다.
- 시간 : 明天 下雨. 내일은 비가 내린다.
- 장소 : 房间里 有人. 방에 사람이 있다.

중국어는 '주어 + 술어'관계는 비교적 유연하다. 일반적으로 주어는 '화제 + 설명'의 관계가 성립된다. 화자가 설명하고 싶은 대상을 문두에 두어 주체나 대상 등을 구별하지 않는 경우가 많다.

중국어의 어휘는 형태의 변화가 없기 때문에 형용사(구)나 동사(구)도 명사와 똑같이 주어로 쓸 수 있다.

명사　　: 身体　　很重要. 건강이 중요하다.

형용사구 : 身体好　　很重要. 몸이 건강한 것이 중요하다.

동사구　: 锻炼身体　很重要. 신체를 단련하는 것이 중요하다.

■ 술목 구조(동사/형용사+목적어)

대부분 술목 구조는 '동사 + 목적어'이거나, '형용사 + 목적어'이다. 술어는 동작·상태를 표시한다. 중국어는 동작의 대상뿐 아니라, 동작이나 상태의 주체도 목적어가 될 수 있다. 목적어는 동작이나 상태의 영향, 지배를 받거나 혹은 관련된 대상이다.

동사/형용사 + 목적어

- 동작 대상 : 看　书. 책을 보다.
- 동작 주체 : 来　客人. 손님이 오다.
- 상태 주체 : 红了　脸. 얼굴이 빨개졌다.

목적어는 대부분 명사이지만 동사(구)를 쓸 수도 있다.

동사 + 목적어

- 명사(구) : 听　音乐. 음악을 듣다.
- 동사(구) : 听　她唱歌. 그녀가 노래하는 것을 듣다.

■ 술보구조(동사/형용사+보어)

술보 구조는 '동사 + 보어'와 '형용사 + 보어'의 형태로 나눌 수 있다. '동사 + 보어'의 구조는 그 뒤에 목적어가 올 수 있다.

동사/형용사+보어+(목적어)

- 동사 + 보어 : 学 好 汉语. 중국어를 마스터하다.
- 형용사 + 보어 : 好 多了. 많이 좋아졌다.

보어는 한국어와 달리 중국어에서는 중요한 역할을 하므로 기억해야 한다.

■ 수식구조(수식어+피수식어)

중국어의 수식 구조는 수식어가 앞에 오고 피수식어가 뒤에 온다. 수식어는 명사(구)를 수식하는 관형어와 동사(구)나 형용사(구)를 수식하는 부사어로 나눌 수 있다.

■ 관형어 + 명사(구)

명사	: 汉语(的)	词典	중국어 사전	主要的 特点	중요한 특징
동사	: 刚买的	词典	방금 산 사전	借来的 书	빌려온 책
형용사	: 新的	词典	새 책	藍藍的天空	푸른 하늘

■ 부사어 + 동사(구)·형용사(구)

副词　: 一直　学习　계속 공부하다　真 好 정말 좋다
形容词 : 认真(地)　学习　열심히 공부하다
　　　自言自语地　说　혼자말로 말하다.
动词　: 有计划地　学习　계획적으로 공부하다

■ 연동구조(술어A+ 술어B)

연동구조는 두 개 이상의 동사 또는 동사결구가 연용된 구조이다. 연동구조는 연동구조와 겸어구조가 있다.

■ 연동문

두 동사는 하나의 주어를 갖고, 주어는 그 행위의 공통된 주체로 두 개의 연동된 동사 사이의 관계는 연속관계이다.

我　去圖书馆　看书. 나는 책을 보러 도서관에 간다.
下了课　开班会. 수업이 끝나고 학급회의를 하다.
等一会儿　出去. 조금 기다렸다 나가다.

■ 겸어문

하나의 문장에서 두 개의 动词를 가지면서 중간에 명사를 삽입하여 만들어 진다. 연동구조와 달리 이 두 개의 动词는 主语를 공용하지 않으며, 앞에 있는 动词의 目的语가 뒤에 있는 动词의 主语가 된다. 즉 선행동사가 항상 명령을 하여 후행동사에 동작을 시키는 것이다.
요컨대 하나의 문장 성분이 두 가지의 역할을 兼하고 있는 구조를 兼语式文이라 한다.

公司 派 他 去中国. 회사에서 그를 중국으로 파견하다.

■ 병렬구조(어휘A+어휘B)

두 개 혹은 몇 개의 부분으로 구성되며, 각 부분은 병렬·선택·점진·접속 등의 관계를 나타낸다.

教师学生. 교사와 학생
工人和农民. 노동자와 농민
前进或后退. 전진 혹은 후퇴

일반적인 어휘의 구조는 분리되어 다른 성분 속으로 첨가될 수 있고, 하나의 어휘는 다른 어휘로 교체될 수도 있다. 예를 들면 "学习努力"는 "学习非常努力"로 확장될 수도 있고, "学习勤奋"、"工作努力"로 교체될 수도 있다.

■ 명사

教室里有老师学生. 교실에 선생님과 학생이 있다.

접속사를 사용한다.

教室里有老师和学生. 교실에 선생님과 학생이 있다.

■ 형용사

这个教室干净明亮. 이 교실은 깨끗하고 밝다.

부사를 사용한다.

这个教室干净又明亮. 이 교실은 깨끗하고 밝다.

■ 동사

每天工作学习. 매일 일하고 공부한다.

부사를 사용한다.

每天一边工作一边学习. 매일 일하면서 공부한다.

	주어	술어	목적어	관형어	부사어	보어
연합구	○	○	○	○	○	○
수식구	○	○	○	○	○	○
동목구	○	○	○	○	○	○
동보구	○	○	○	○		○
주술구	○	○	○	○	○	○
전치사구	○			○	○	○
수량구	○	○	○	○	○	○
동격구	○		○	○	○	
연동구	○	○	○	○		○
겸어구	○	○	○	○		○
的자구	○		○	○		

Unit 02
명사 술어문

명사술어문

명사, 명사구, 수량사가 술어인 문장이다. 주로 출신, 나이, 직업, 가격 등을 나타낸다. 동사 是는 동작이나 행동을 나타내지 않고, 선행하는 사람, 사물의 어떤 사실에 대한 판단과 긍정을 표시한다.

【기본형식】

我不是韩国人.	(부정형)
你是韩国人吗?	(일반의문형)
你是不是韩国人?	(정반의문형)
你是中国人还是韩国人?	(선택의문문)
你是谁? 谁是韩国人?	(의문사형)

[문형 1] 판단, 설명을 나타내는 구문

주어 + 是 + 명사
我　是　韩国人.

1. 是는 주어와 명사 사이에 위치하여 'A 是 B'의 형식을 만든다. 是는 영어의 be동사와 같은 역할을 하지만, 주어의 인칭, 수, 시제 등의 형태변화가 없다.

2. 是의 구문은 주어와 명사의 관계에 의해 여러 가지 의미를 나타낸다.

- 소속 : 我是北京大学的留学生. 나는 북경대학의 유학생이다.
- 관계 : 我们是好朋友. 우리는 좋은 친구이다.
- 시간 : 一天是24个小时. 하루는 24시간이다.
- 성격, 특징 : 他是一个小个子. 그는 체격이 작다.
- 장소, 존재 : 前边是学校, 后边是高山. 앞이 학교이고 뒤는 높은 산이다.

3. 是 앞에 부사 也, 都 , 还, 已经 등의 수식을 받을 수 있다.

我们都是韩国学生. 우리는 모두 한국 학생이다.
他也是我的朋友. 그도 나의 친구이다.

4. 是는 인칭, 수, 시제 등에 의한 변화 형태가 없고, 부정형은 是 앞에 부정부사 不를 붙인다.

他不是老师, 是学生. 그는 선생님이 아니라, 학생이다.
昨天是星期一, 不是星期二. 어제는 월요일이지 화요일이 아니다.

5. 是가 了를 동반하는 경우는 변화의 의미를 나타낸다.

他以前是医生，现在是老师了. 그는 전에 의사였는데 지금은 선생이 되었다.

这里十年前是学校，现在已经是公园了. 10년 전에 이곳은 학교였는데, 지금은 공원이다.

[문형 2] 认定을 나타내는 구문

주어	+ 是 +	명사
韩国的首都	是	首尔.

1. 주어를 판단, 설명하는 'A是B' 문형은 위치를 바꿀 수 없으나, '확실히 ~ 이다'라고 말하는 사람의 인정이나 동등관계를 나타내는 A是B는 B是A로 위치를 바꾸어도 의미는 변하지 않는다.

中国的首都是北京. ↔ 北京是中国的首都. 중국의 수도는 북경이다.
汉语老师是谁? ↔ 谁是汉语老师? 중국어 선생님은 누구이니?

2. 문법적으로 是가 없어도 문장이 성립되지만, 是를 넣어 강조 또는 말하는 사람의 인정이나, 주장을 표현한다.

他是很聪明. 그는 매우 총명한 사람이다.
他是不想离开你. 그는 너와 해어지고 싶지 않을 거다.
这种办法是快，不是慢. 이 방법이 빠르지 늦지 않다.

3. 구조조사 的가 단어 또는 구 뒤에 붙어서 的자구를 만들 수 있다.

的를 가진 수식구는 중심어가 생략되어 명사성구가 된다.

○ 명사와 的 : 农民的 木头的
○ 동사와 的 : 买的 生产的
○ 형용사와 的 : 大的 长的
○ 대명사와 的 : 谁的 这样的

'명사 + 的'또는 '형용사(/동사) + 的'의 형식으로 명사구를 만들 수 있다.

这本书是我的. ↔ 我的是这本(书). 이 책은 내 것이다.
我的书包是黑的. ↔ 黑的是我的书包. 내 책가방은 검은 것이다.
这本书是我买的. ↔ 我买的是这本书. 이 책은 내가 산 것이다.

4. 동사구, 형용사구, 주술구도 주어나 술어로 사용할 수 있다.

下围棋是我的爱好. 바둑을 두는 것이 나의 취미이다.
脾气不好是他的缺点. 성격이 나쁜 것이 그의 단점이다.
中国的问题是人口太多. 중국의 문제는 인구가 너무 많은 것이다.
这是我第一次来中国. 이번이 내가 처음 중국에 온 것이다.

[문형 3] 동사술어문, 형용사술어문을 是구문으로 치환하는 경우

주어 + 是 + 명사구
我看的 是 汉语书.

【기본형식】

我看的不是汉语书. (부정형)
你看的是汉语书吗? (일반의문형)
你看的是不是汉语书? (정반의문형)
你看的是汉语书还是日语书? (선택의문문)
你看的是什么(书)? (의문사형)

1. 일부 동사술어문과 형용사술어문을 是구문으로 치환할 수 있다.

· 동사술어문 : 我早上吃了一个面包.
→ 我早上吃的是面包. 나는 아침에 빵을 먹었다.
他下个月去北京.
→ 他去北京是下个月. 그는 다음 달 북경에 간다.

· 형용사술어문 : 没见到你很遗憾.
→ 遗憾的是没见到你. 너를 만나지 못해 유감이다.

2. 동사나 형용사를 명사화할 경우 반드시 的을 반드시 넣어야하는 것은 아니다. 동작의 주체나 대상, 사물을 나타낼 때 的가 반드시 필요하지만, 동작의 시간이나 장소를 나타낼 때는 的가 필요 없다.

刚才讲话的是汉语老师. 방금 이야기한 사람이 중국어 선생님이다.
* 동작의 주체

你听的是谁的歌? 네가 듣는 것은 누구 노래이니?
* 동작의 대상

他来韩国是哪一年? 그가 한국에 온 것은 언제이니?

* 시간

我跟她见面是在学校前面的车站. 내가 그와 만난 곳은 학교 앞 기차역이다.

* 장소

위의 문형은 A是 B의 어순을 바꿀 수 없다. 어순을 바꾸려면 술어 부분에 반드시 명사를 첨가해야 한다.

汉语老师是刚才讲话的.(×)

→ 汉语老师是刚才讲话的人.(○) 중국어 선생님은 방금 발언한 사람이다

去年是他来韩国.(×)

→ 去年是他来韩国的时间.(○) 작년이 그가 한국에 온 해이다.

[문형 4] 是를 생략한 명사술어문

주어	+	명사
明天		星期六.

【기본형식】

明天不是星期六.	(부정형)
明天星期六吗?	(일반의문형)
明天是不是星期六?	(정반의문형)

明天星期六还是星期日?　　　　　　(선택의문문)

明天星期几?　　　　　　(의문사형)

1. 술어명사가 수량, 숫자 등을 나타내는 경우(나이, 날짜, 요일, 시간, 금액, 무게, 길이 등)

我今年20岁. 나는 올해 20살이다.

今天5月5号. 오늘은 5월 5일이다.

这件衣服200块钱. 이 옷은 200원이다.

2. 술어명사가 출생지, 직업, 특징, 날씨 등을 나타내는 경우

他上海人, 我北京人. 그는 상해 사람이고, 나는 북경 사람이다.

今天晴天. 오늘은 날씨가 맑다.

3. 술어 명사 앞에 시간명사와 시간을 나타내는 부사가 올 수 있다. 또한 문미에 了를 붙여 변화를 나타낸다.

现在已经8点了. 지금 벌써 8시가 되었다.

妈妈都五十岁了, 孩子才两岁. 어머니는 50살인데, 아이는 이제 2살이다.

4. 是의 부정형은 不是이다. 부정형 뒤에 오는 긍정형의 문형은 是를 붙여야 한다. 또한 也, 还, 又 등 부사를 사용할 경우 是가 있어야 한다.

明天不是晴天, 是阴天. 내일은 날이 맑지 않고 흐리다.

明天也是阴天. 내일도 날이 흐리다.

▢ 是의 여러 가지 용법

1. 'A是A + 역접 표현'으로 양보를 표현한다.

朋友是朋友, 但不是最好的朋友. 친구이기는 하지만 가장 친한 친구는 아니다.

书是买了, 不过还没看. 책은 샀지만 다 읽지는 않았다.

有是有的, 可是不在这儿. 있긴 있지만 여기에는 없다.

2. 'A就是A'의 형식으로 A를 부정하지 않는 사실을 강조한다.

事实就是事实, 否认也没用. 사실은 사실이니 부인해도 소용없다.

Unit 03
형용사 술어문

형용사술어문

형용사나 형용사구가 술어가 되어 주어가 '어떠하다'는 것을 나타내는 문장이다. 주로 사람, 사물의 성질이나 상태를 묘사하고 때로는 사물의 변화를 설명한다.

【기본형식】

韩国的人口不多.	(부정형)
韩国的人口多吗?	(일반의문형)
韩国的人口多不多?	(정반의문형)
韩国的人口多还是日本的人口多?	(선택의문문)
韩国的人口怎么样?	(의문사형)

[문형 1] 성질, 상태를 나타내는 형용사 술어문

주어	+ (부사) +	형용사
韩国的人口	(很)	少.

1. 일반적으로 중국어는 형용사 앞에 정도부사 很을 사용한다. 很은 문법적 필요에 의해 들어가기 때문에 '매우'라는 의미보다 그냥 가볍게 읽는다. 다만 다음과 같은 경우는 생략할 수 있다.

■ 대조를 나타내는 경우

北京冬天冷, 夏天热. 북경의 겨울은 춥고 여름은 덥다.

■ 비교하는 경우

这件衣服样子好看, 价格便宜. 이 옷은 모양이 예쁘고 가격이 싸다.

2. 형용사 앞에 非常, 很 등 정도부사를 붙이거나, 형용사 뒤에서 보어를 만든다.

■ 정도부사

他工作非常忙. 그는 일이 매우 바쁘다.

■ 결과보어

他工作忙极了. 그는 일이 매우 바빴다.

■ 자주 사용하는 부사

这个房间很大. 이 방은 매우 크다.

秋天的风景非常美. 가을의 경치가 매우 아름답다.

我今天特别高兴. 나는 오늘 특별히 기쁘다.

在韩国雪岳山最高. 한국에서는 설악산이 가장 높다.

我的汉语不太好. 나는 중국어를 그리 잘하지 못한다.

他有点儿不舒服. 그는 몸이 좀 불편하다.

■ 자주 사용하는 보어

今天冷得很. 오늘은 매우 춥다.

我最近忙极了. 나는 최근 매우 바빴다.

今天凉快一点儿. 오늘은 좀 서늘하다.

3. 중국어 형용사는 시제에 따른 어미변화가 없다. 과거, 현재, 미래에 대한 구별은 주로 시간명사(시간사)를 사용하여 나타낸다.

	긍정		부정
■ 과거 :	昨天很冷.	→	昨天不冷.
■ 현재 :	今天很冷.	→	今天不冷.
■ 미래 :	明天很冷.	→	明天不冷.

4. 시간사는 일반적으로 형용사술어 앞 또는 주어 앞에 온다.

北京昨天很冷. 북경은 어제 매우 추웠다.

昨天, 北京很冷. 어제 북경은 매우 추웠다.

5. 형용사는 시제에 따른 변화가 없기 때문에 '형용사 + 了'는 과거가 아니고 상태의 변화를 나타낸다.

天气冷了. 날씨가 추워졌다.

昨天不热, 今天有点儿热了. 어제는 덥지 않았는데, 오늘은 좀 더워졌다.

6. 부정형은 '不, 没'을 사용하여 아직 변화하지 않은 의미를 나타낸다.

天气还不冷. 날씨가 아직 춥지 않다.

天气还没冷.

他还不老. 그는 아직 늙지 않았다.

他还没老.

7. 형용사는 보통 그 자체로 주어나 목적어가 될 수 있지만, 사람이나 사물을 나타낼 경우 '~的'의 형식으로 만든다.

交通方便最好. 교통이 편리한 것이 가장 좋다.

我喜欢冷, 不喜欢热. 나는 추운 것을 좋아하고, 더운 것을 싫어한다.

高的是哥哥, 矮的是弟弟. 큰 사람이 형이고, 작은 사람이 동생이다.

我喜欢白的, 不喜欢黑的. 나는 흰 것을 좋아하고, 검은 것을 싫어한다.

[문형 2] 형용사가 술어인 주술술어문

大주어 + 大술어(小주어 + 小술어)

小주어 + 小술어

中国 人口 很多.

1. 형용사구가 주술구조의 술어가 되고, 문두에 대주어가 온다. 주술술어문의 술어는 대주어를 설명, 묘사한다.

我工作很忙. 나는 일이 바쁘다.

她汉语非常好. 그녀는 중국어를 잘한다.

2. 주술술어문에서 정도부사는 형용사 앞에 온다. '头疼'과 같이 형용사구가 술어인 경우 그 앞에 온다.

我最近工作比较忙. 나는 최근에 일이 좀 바쁘다.
我今天有点儿头疼. 오늘 나는 머리가 좀 아프다.

[문형 3] 상태형용사가 술어인 형용사 술어문

주어 + 상태형용사 + 的
这个房间 干干净净的.

1. 상태형용사는 주로 말하는 사람이 어떤 사실에 대해 생생하게 구체적으로 묘사하는 상태를 나타낸다. 이러한 상태형용사가 술어인 문장은 문미에 的가 온다.

房间里干干净净的. 방안이 깨끗하다.
教室里暖洋洋的. 교실이 따뜻하다.
这件衬衫雪白雪白的. 이 셔츠는 매우 하얗다.

2. 상태형용사는 성질형용사와 달리 다음 몇 가지 사항에 주의해야 한다.

■ 중첩된 형용사는 그 자체가 정도를 나타내므로 정도부사의 수식을 받지 않는다.

房间里非常干干净净.(×)
→ 房间里非常干净.(○) 방이 매우 깨끗하다.
这件衬衫很雪白.(×)

→ 这件衬衫很白.(◯) 이 셔츠는 매우 하얗다.

■ 중첩된 형용사에는 부정할 수 없다.

房间里不干干净净的.(×)
→ 房间里不干净.(◯) 방이 깨끗하지 않다.
教室里不暖洋洋的.(×)
→ 教室里不暖和.(◯) 교실이 따뜻하지 않다.

■ 명사 앞에 오는 경우 的을 붙여야 한다.

雪白的衬衫　　很白的衬衫　　새하얀 셔츠

Unit 04
동사술어문

동사술어문

동사나 동사구가 술어가 되어 주어가 '무엇을 하다'를 서술하는 문장이다. 주로 사람이나 사물의 행위, 동작, 심리 활동, 변화와 발전 등을 서술한다.

[문형 1] 목적어가 없는 동사술어문

주어 + 동사
我　工作.

【기본형식】

我不(没)工作.	(부정형)
你工作吗?	(일반의문형)
你工作不工作?	(정반의문형)
谁工作? 你做什么?	(의문사형)

1. 목적어가 없는 동사술어문은 주체의 의도적 행위나 비의도적 행위, 상태, 변화 등 다양한 의미관계를 표현할 수 있다. 동작의 주체와 동작의 관계로 이루어진다.

孩子睡了. 아이가 잠들었다.
台风又来了. 태풍이 또 온다.
妈妈在做饭. 어머니가 밥을 하고 있다.

또한 주어는 동작의 주체뿐만 아니라, 상태의 주체, 동작의 대상을 표현하기도 한다. 주어와 술어의 관계가 동작의 영향을 받는 것이 아니라, 묘사, 설명하는 역할을 한다.

弟弟像爸爸. 동생이 아버지를 닮았다.
他的小说出版了. 그의 소설이 출판되었다.
前边儿走来一个人. 앞쪽에 한 사람이 걸어온다.

2. 동사술어문의 부정형은 不과 没 모두 사용할 수 있다. 不은 일반적인 행위나 미래의 행위, 주체의 의지를 부정하여 '~하고 싶지 않음, ~하지 않음'의 의미를 표현하지만, 没은 주체의 의지와 관계없이 행위나 상태가 아직 일어나지 않았거나 완성되지 않은 것을 표현한다.

他不工作. 그는 일을 안 한다.
他没工作. 그는 일을 하지 않았다.
孩子还没睡. 아이는 아직 자지 않았다.

3. 목적어가 없는 동사술어문은 수량사를 동반할 수 있다. 수량사를 수량 목적어로 보는 경우도 있지만, 대부분 수량보어로 본다.

他工作三个小时. 그는 3시간 동안 일을 한다.
他病了一个星期. 그는 1주일동안 아팠다.

小说再出版了两次. 소설은 두 차례 출판했다.

4. '결혼하다, 수영하다' 등의 자동사는 실질적으로 '동사 + 목적어'의 구조인 离合 동사이다. 이합동사는 뒤에 목적어가 올 수 없다.

我经常游泳. 나는 자주 수영한다.
他们最近结婚了. 그들은 최근 결혼했다.

[문형 2] 목적어가 있는 동사술어문

주어 + 동사 + 목적어
我　学(习)　汉语.

【기본형식】

我不学(习)汉语.	(부정형)
你学(习)汉语吗?	(일반의문형)
你学不学(习)汉语? 你学(习)汉语不学	(정반의문형)
你学(习)什么?	(의문사형)

1. 보통 목적어를 갖는 것이 타동사이고, 갖지 않는 것을 자동사라고 한다. 중국어의 동사는 자동사와 타동사가 명확히 구분되지 않아, 모든 동사가 목적어를 가질 수 있다. 명사뿐만 아니라 동사, 형용사도 목적어로 사용할 수 있다.

- 동작의 대상 : 吃饭　喝茶　看书
- 이동의 목적지 : 去学校　来韩国　去哪儿?
- 이동의 수단·도구 : 坐飞机　骑自行车
- 이동의 출발지 : 出西门　离开家
- 이동의 통과지 : 过马路　走近路
- 동작의 상대 : 见老师　告诉他
- 감각·감정·가능의 대상 : 喜欢音乐　讨厌喝酒　怀念故乡
- 자연현상 : 下雨　出太阳
- 출현·소실의 주체 : 来客人　跑了一只猴子
- 동작·상태 동사 : 看跳舞　听他们唱歌
- 형용사 : 觉得这本书有意思

2. 동태조사 '了, 着, 过'을 첨가하여 동작의 상태를 표시할 수 있다.

我前几天给妈妈写过信. 나는 몇 일전 어머니에게 편지를 쓴 적이 있다.

진행되고 있거나 동사 뒤에 동태조사가 쓰인 문장은 동사를 중첩할 수 없다.

我正在休息休息, 他来了.(×) 내가 마침 쉬고 있는데 그가 왔다.

[문형 3] 보어를 수반하는 동사술어문

동사 뒤에서 동작·행위가 진행되는 횟수나 시간 등을 나타내는 단어(수량구)를 수량보어라고 한다. 동작의 횟수를 나타내는 동량보어와 동작의 지속시간을 나타내는 시량보어로 구별한다.

주어 + 동사 + 시량보어 + 목적어
我 喝了 一个小时 咖啡.

1. 동사술어문에서 불특정 명사의 목적어 앞에 수량사를 붙인다. 수량사와 목적어 사이에 的를 넣지 않지만, 시간의 양을 표현하는 수량사와 목적어 사이에는 넣을 수 있다.

■ 我喝了一杯的咖啡.(×)
→ 我喝了一杯咖啡. 나는 커피 한 잔을 마셨다.

■ 我喝了一个小时(的)咖啡. 나는 커피를 1시간 동안 마셨다.

2. 수량사는 사물의 수를 표시하는 명량사와 동작의 횟수이나 지속시간의 양을 표시하는 동량사로 구분한다. 명량사는 대개 목적어 앞에 오고, 동량사는 목적어가 일반명사인 경우 그 앞에 위치하고, 인칭대명사나 장소대명사인 경우 그 뒤에 위치한다. 또한 장소사나 고유명사인 경우 동량사는 목적어 앞이나 뒤에 모두 올 수 있다.

■ 명량사 : 사물을 세는 단위로 목적어 앞에 온다
看一本书. 看书一本.(×)

■ 동량사 : 동작의 횟수를 나타내는 문장성분을 동량보어라 한다. 주로 목적어의 의미에 따라 그 앞이나 뒤에 온다.

· 목적어가 일반명사

주어 + 술어 + 동량보어 + 목적어

我吃过一次中国菜. 나는 중국요리를 한 번 먹어 본 적이 있다.
他给我打过一次电话. 그는 나에게 전화를 한 번 걸었다.
我坐过两次长途汽车. 나는 장거리 버스를 두 번 탄 적이 있다.

· 목적어가 인칭대명사, 지시대명사

주어 + 술어 + 목적어 + 동량보어

我去过那儿一次. 나는 그 곳을 한 번 간 적이 있다.
我找过他好几次, 都没找到. 나는 그를 여러 번 찾았으나, 찾지 못했다.
我告诉他两次了, 也不来. 그에게 두 번이나 알렸는데도 오지 않는다.

· 목적어가 지명, 고유명사(인명, 호칭), 지시대명사를 동반한 명사구의 경우는 그 앞뒤에 모두 올 수 있다.

주어 + 술어(了/过) + 동량보어 + 목적어(인명/지명)
주어 + 술어(了/过) + 목적어(인명/지명) + 동량보어

去了一次学校. ↔ 去了学校一次. 학교를 한 번 갔다.
来了一次中国. ↔ 来了中国一次. 중국을 한 번 왔다.
见了一次王老师. ↔ 见了王老师一次. 왕선생님을 한 번 만났다.
看了一遍这本书. ↔ 看了这本书一遍. 이 책을 한 번 보았다.

■ 시량사

시간의 양을 나타내는 수량사가 술어 뒤에서 동작 시작 후에서

마칠 때까지 경과된 시간을 나타내는 문장성분을 시량보어라 한다.

晚会开了三个小时了. 저녁파티는 3시간째 열리고 있다.(동작의 지속)
他病了一个星期, 没来上学. 그는 1주일 동안 아파서 수업에 오지 못했다.(동작의 지속)
我学汉语刚一年多. 나는 중국어를 배운지 1년여가 됐다.(경과된 시간)
他来中国已经十年了. 그는 중국에 온 지 10년이 됐다.(경과된 시간)

· 목적어가 일반 명사

주어 + 술어(了) + 시량보어(的)+ 목적어
주어 + 술어 + 목적어 + 술어(了)+ 시량보어

我学了一年多(的)汉语. ↔ 我学汉语学了一年多. 나는 약 1년 동안 중국어를 배웠다.
他看了两个小时(的)电视. ↔ 他看电视看了两个小时. 그는 2시간 동안 TV를 보았다.
我等了一个小时(的)公共汽车. ↔ 我等公共汽车等了一个小时. 나는 버스를 1시간 기다렸다.
他看了一个小时(的)书. ↔ 他看书看了一个小时. 그는 1시간 동안 책을 보았다.

· 목적어가 인칭대명사, 지시대명사

주어 + 술어 + 목적어 + 시량보어

他等了你半个小时. 그는 너를 30분 기다렸다.
我找了他好几天. 나는 그를 며칠 날 동안 찾았다.
他教了我们一年. 그는 우리를 1년 동안 가르쳤다.

· 목적어가 인명인 경우

주어 + 술어(了/过) + 시량보어 + 목적어(인명)
주어 + 술어(了/过) + 목적어(인명) + 시량보어

我等了小李半天. ↔ 我等了半天小李. 나는 샤오리를 한참 동안 기다렸다.
我找了小李半天. ↔ 我找了半天小李. 나는 샤오리를 한참 동안 찾았다.

3. 부정형식
수량보어의 기본 형식 '동사 + 동량보어/시량보어'를 부정할 경우 '동량보어/시량보어 + 부정부사(没/不) + 동사'의 어순으로 해야 한다. 이때 수량보어는 부사어로 바뀐다.

我没见过他一次.(×) → 我没见过他.(○) 나는 그를 만난 적이 없다.
→ 我一次也没见过他.(○) 나는 한 번도 그를 만난 적이 없다.

[문형 4] 부사어(시간사·정도부사)를 수반하는 경우

주어	+ 시간사	+ 동사	+ (수량사)	+ 목적어
他	每天	学	(一个小时)	汉语.

1. 시간사를 부사어로 사용하는 경우 대개 주어 뒤에 오거나, 의미에 따라 주어 앞에 올 수 있다.

■ 주어 뒤에 오는 경우 : 他每天学汉语. 그는 매일 중국어를 배운다.
■ 주어 앞에 오는 경우 : 每天, 他学汉语. 매일, 그는 중국어를 배운다.

2. 정도부사 很, 十分, 特別 등의 수식을 받는 경우 : 정도부사 很은 보통 형용사를 수식하지만, 심리상태나 생리 상태를 나타내는 일부 동사를 수식할 수 있다.

我很喜欢吃面条. 나는 국수를 아주 좋아한다.
我很想去中国. 나는 중국을 가고 싶다.
我很饿. 나는 몹시 배가 고프다.

3. 전치사구의 수식을 받는 경우 : '전치사구 + 명사'형태의 전치사구 수식을 받으면 문장에서 부사어가 된다.

他在屋里看书. 그는 집에서 책을 읽는다.

전치사구는 주어와 술어 사이에 위치하며, 부사, 조동사와 함께 있는 경우에 전치사구의 위치는 다음과 같다.

* 주어 + 부사 + 전치사구 + 술어
* 주어 + 부사 + 조동사 + 전치사구 + 술어

我们要向李老师学习. 우리는 이선생님에게 배워야 한다.

4. 부정의 경우 不과 没는 시간사 앞, 뒤에 올 수 있으나 의미가 다르다. 不은 현재나 미래의 일을 부정하고, 没는 과거의 일을 부정한다.

他每天(都)不学汉语. 그는 매일 중국어를 배우지 않는다.

他不每天学汉语. 그는 매일 중국어를 배우지 않는다.

我们没休息. 우리는 쉬지 않았다.

[문형 5] 주술구를 목적어로 갖는 경우

주어 + 술어 + 목적어(주어 + 술어)
我 希望 你明年能来.

1. 동사 希望의 목적어는 '你明年能来'이다. 주술구를 목적어로 갖는 동사로는 '希望, 说, 看, 想, 忘, 怕, 觉得, 以为, 认为, 记得, 知道, 相信, 发现, 同意' 등이 있다.

我希望你明年能来. 내년에 올 수 있기를 희망한다.

我觉得这本小说很有意思. 나는 이 소설이 재미있다고 생각한다.

□ 离合动词

동사와 목적어를 관용적으로 고정하여 사용하는 동사구이다. 이처럼 단어의 구조가 동사와 목적어로 결합된 이음절 동사를 이합동사라고 한다. 동사는 동태조사나 보어 등과 결합할 수 있고, 목적어는 관형어 등의 수식어를 가질 수 있다. 이러한 이합동사는 목적어를 가질 수 없다.

睡觉 帮忙 保险 结婚 毕业 失业 吵架 吃惊 吃亏
出差 存款 打架 见面 倒车 排队 请客 请假 生气
生病 安心 担心 放心 放假 走路 随便 投资 洗澡
理发 上课 跳舞 听说 游泳 着急 散步 留学 住院
出院 握手 录音

帮别人的忙. 다른 사람을 돕다.
他毕了业就去当兵. 그는 졸업을 하고 군대에 갔다.
散了一会儿步. 잠시 산책을 했다.
上一节课. 수업을 한 시간 한다.

1. 이합동사는 이미 목적어가 포함되어 있으므로 그 뒤에 목적어가 올 수 없다. 전치사구 등으로 만들어 바꿀 수는 있다.

结婚他(×)
→ 跟他结婚.(○) 그와 결혼한다.
帮忙妈妈(×)
→ 帮妈妈的忙.(○) 엄마를 돕는다.

生气他(×)

→ 生他的气.(○) 그에게 화를 내다.

이합동사이지만 다음과 같이 관용적으로 분리되지 않는 동사도 있다.

放心这件事. 이 일에 마음을 놓다.

留学中国(×)

→ 去中国留学.(○) 중국으로 유학가다.

2. 동태조사 '了, 过, 着'은 보통 이합사의 동사와 목적어 사이에 오고, 변화나 경과 등을 나타내는 경우 了는 문미에 놓을 수 있다.

见过面　见着面　见了面　见面了

3. 동작의 양을 나타내는 수량사는 동사와 목적어 사이에 온다.

睡了三个小时觉. 3시간 동안 잠을 잤다.

生了两次病. 두 차례나 아팠다.

见过一次面. 한 번 만난 적이 있다.

그러나 동작이 완료된 이후에 경과된 시간을 나타내는 경우 이합동사 뒤에 온다.

结婚五年了.　结了五年婚.(×) 결혼한 지 5년이 되었다.

毕业一年多了.　毕了一年多业.(×) 졸업한 지 1년 정도 되었다.

4. 동작의 대상은 '跟, 和, 给' 등의 전치사를 사용하여 나타낸다.

和客人握手　　　握手客人.(×) 손님과 악수하다.
跟老师见面　　　见面老师. (×) 선생님과 만나다.
给孩子起名　　　起名孩子.(×) 아이에게 이름을 지어주다.

일부 이합사는 '~的 + 목적어'의 형태로 대상을 표현할 수도 있다.

握客人的手　　　握手客人.(×) 손님과 악수하다.
见老师的面　　　见面老师. (×) 선생님을 만나다.

☐ 동사의 중첩형

단음절 동사의 중첩형식은 AA이며, 이음절 동사의 중첩형식은 ABAB이다. 중첩 후에는 의미의 변화가 생긴다.

단음절 동사의 중첩형식은 AA, A一A이며, 이음절 동사의 중첩형식은 ABAB이다.

중국어의 일부 동사는 중첩하여 사용할 수 있으며, 문장에서 동사의 의미 이외에 짧은 시간의 동작, 가벼운 시도를 표시하는 부가 의미를 가지고 있다.

	단어	중첩형	완료형
단음절 동사 단음절 동사	A	AA 또는 A一A + 목적어	A了A + 목적어
	看	看看/看一看 看看书/看一看书	看了看 看了看书
이음절 동사 이음절 동사	AB	ABAB + 목적어	AB了一下 + 목적어
	介绍	介绍介绍 情况 介绍一下情况	介绍了一下情况
이합동사 이합동사	AAB	A一AB	A了AB
	散散步	散一散步	散了散步

1. 중첩된 동사의 기능

① '잠시~하다'라는 가벼운 동작, 행위의 시간이 짧음을 나타낸다.

他看看问题就知道了. 그는 문제를 보자마자 바로 알았다.

你想想这个问题的解决方法. 이 문제의 해결방법을 네가 좀 생각해봐.

② '시험 삼아 한번 ~해 보다'라는 시도, 시험을 나타낸다.

饭做好了, 你尝尝. 밥 다 되었으니 맛 좀 봐

这件衣服怎麽样? 你试试. 이 옷 어때? 한 번 입어봐!

③ 단음절 동사의 중첩 방식은 '看一看, 想了想'와 같이 중간에 '了'나 '一'를 넣거나, '听了一听'와 같이 '一'과 '了'를 모두 사이에 넣을 수 있다. 이미 실현된 동작, 행위가 완성, 실현을 나타낸다.

④ 이합동사 : '동사 + 목적어'로 구성된 이합동사는 '见见面, 散散步'와 같이 동사만 중첩할 수 있다.

⑤ 중첩할 수 없는 동사

■ 존재. 판단. 소유 : 在 是 有
■ 심리활동 : 爱 怕 喜欢 明白 觉得 羡慕
■ 방향 : 来 去 出 进 起 过 起来 进来
■ 발전. 변화 : 生 发展 开始
■ 자연현상 : 下雨

Unit 05
주술술어문

주술술어문

주술술어문은 술어가 '주어 + 술어'로 된 구조이다. 사람, 사물에 대한 설명, 묘사, 판단할 때 사용된다. 일반적으로 문두의 주어가 대주어이고, 뒤에 오는 '주어 + 술어'는 대술어라고 부르기도 한다.

[문형 1] 大주어 + (명사 + 형용사)의 형태

大주어 + 명사 + 형용사		
	小주어	小술어
中国	人口	很多.

【기본형식】

中国人口不多. (부정형)
中国人口多吗? (일반의문형)
中国人口多不多? (정반의문형)
中国人口怎么样 ? (의문사형)

1. 주술술어문은 주어에 대해 판단이나 설명을 나타낸다. 전형적인

주술술어문은 형용사로 만들지만, 명사나 동사로 만드는 경우도 있다. 대주어는 주제어로 대상의 성질, 상태를 판단하거나 설명한다. 대주어와 소주어는 전체와 부분의 종속관계이다.

他脑子很好, 但是身体不太好. 그는 머리가 좋은데 건강이 그리 좋지 않다.
这个班男生很多, 女生很少. 이 반은 남성이 많고 여성이 적다.
这里景色不错, 但离城里太远. 이 곳 경치는 좋은데 시내에서 너무 멀다.

2. 정도부사는 보통 소술어(형용사 등) 앞에 놓이지만, 상태부사·전치사구 등은 의미에 따라 소술어 혹은 대술어(소주어 + 소술어) 앞에 놓인다.

他学习很好.
他很学习好.(×) 그는 공부를 잘한다.
他学习一直很好.
→ 他一直学习很好. 그는 지금까지 쭉 공부를 잘한다.
他学习比我好.
→ 他比我学习好. 그는 나보다 공부를 잘한다.

3. 의미에 따라 대주어와 소주어의 위치를 교체할 수 있다.

她, 汉语最好. 그녀는 중국어가 가장 뛰어나다.
汉语, 她最好. 중국어는 그녀가 가장 뛰어나다.

4. 대주어와 소주어는 대부분 명사구의 형식이지만, '동사 + 목적어' 형식도 있다.

她说汉语最好.
→ 说汉语, 她最好. 그녀는 중국어를 말하는 것이 가장 우수하다.
他处理这种问题很内行.
→ 处理这种问题, 他很内行. 그는 이 문제를 처리하는데 전문가다.

[문형 2] 大주어 + (명사 + 是 + 명사구)의 형태

大주어 + 명사 + 是 + 명사(구)			
今天的会议	他	是	主持人.

1. '명사 + 是 + 명사구'는 是구문과 같이 의미관계를 표현한다. '是' 앞에 부사가 올 수 있다.

昨天的比赛, 韩国队是冠军. 어제 경기는 한국팀이 우승했다.
这个医院, 院长好象是外国人. 이 병원은 원장이 외국인 같다.
这个村子, 前面是海, 背面是山. 이 마을은 앞은 바다이고 뒤는 산이다.

2. 대주어는 전치사구 형식으로 할 수 있다.

在这个医院, 张先生是院长. 이 병원은 장선생이 원장이다.
在这方面, 我是外行. 이 방면에 나는 문외한이다.

[문형 3] 大주어 + (명사 + 동사구)의 형태

大주어 + 명사 + 동사구
这次出差, 我 去北京.

1. 동사구는 동사술어문과 같이 목적어나 보어가 올 수 있다.

这次旅行, 我来安排日程. 이번 여행은 내가 일정을 짰다.
兄弟两个, 哥哥住在北京, 弟弟住在上海. 두 형제는 형이 북경에 살고 동생은 상해에 산다.

2. 대주어의 위치에 동작의 대상이 올 수 있다.

晚饭, 我们已经吃过了. 저녁식사를 우리는 먹었다.
这封信, 他都看了两遍了. 이 편지를 그는 두 번 봤다.

3. 전치사구가 대주어의 위치에 올 수 있다.

对这个问题, 我们都没有意见. 이 문제에 우리는 의견이 없다.
在家里, 爸爸很少喝酒. 집에서 아버지는 술을 마시는 경우가 드물다.

Unit 06

존재를 나타내는 구문

존재를 나타내는 구문

존재 표현에는 '有'와 '在'두 개의 동사를 사용한다. 동사 有는 존재와 소유를 표현하고, 在는 주로 위치관계의 소재를 표현한다.

[문형 1] 존재를 표현하는 有자문

주어 + 有 + (수량사) + 존재하는 사물·사람
房间里 有 (一台) 电视机.
家里 有 (一个) 客人.

【기본형식】

房间里没有电视机. (부정형)
房间里有电视机吗? (일반의문형)
房间里有没有电视机? 房间里有电视机没有? (정반의문형)
房间里有什么? (의문사형)

1. 有은 '어떤 장소에 무엇이 있다'는 존재를 나타낸다. 주어의 위치에 오는 장소명사 뒤에는 '里，上' 등 방위사가 붙는다.

房间有电视机.

→ 房间里有电视机.

· 단음절 방위사 : 房间的里有电视机.(×)

→ 房间里有电视机.(○)

· 이음절 방위사 : 房间里边有电视机.(○)

→ 房间的里边有电视机. 방안에 TV가 있다.

장소명사와 단음절 방위사 사이에 的을 넣지 않는다. 里边 등의 이음절 방위사는 的을 넣어 위치를 강조할 수 있지만 생략이 가능하다.

2. 주어의 위치에 오는 장소사는 앞에 在를 넣지 않는다.

在教室里没有电视机.(×)

→ 教室里没有电视机.(○) 교실 안에 TV가 없다.

3. 有 뒤에 오는 사람이나 사물 앞에는 보통 수량사를 붙이지만, 부정의 경우에는 붙이지 않는다.

院子里有一棵樱花树. 정원 안에 벚나무가 있다.

院子里没有樱花树. 정원 안에 벚나무가 없다.

4. 동사 有는 현재·과거로 구별하지 않는다. '有 + 了'의 형식은 과거가 아니라, 변화, 발생을 표현한다. 了는 문미에 오지만, 수량사나

수식어가 있으면 동사 有 뒤에 온다.

以前这里没有桥, 现在有桥了. 이전에 이곳에 다리가 없었는데 지금은 있다.

以前这里没有桥, 现在有了一座桥. 이전에 이곳에 다리가 없었는데 지금은 있다.

中国的经济有了很大的发展. 중국 경제는 많이 발전했다.

[문형 2] 소유를 표현하는 有자문

주어 + 有 + (수량사) + 소유물
我 有 (一本) 汉语词典.

1. 주어는 소유, 목적어는 소유 물건을 표현하는 소유 동사이다. 소유물을 나타내는 명사 앞에는 보통 수량사나 부사를 붙이지만, 부정의 경우에는 붙이지 않는다.

我有一个弟弟和一个妹妹.
→ 我没有弟弟, 也没有妹妹. 나는 남동생이 없고 여동생도 없다.
他有很多钱.
→ 他没有钱. 그는 돈이 없다.

2. 소유를 표현하는 有는 현재·과거에 의해 구별하지 않는다. '(没)有 + 了'의 형식은 과거가 아니라, 변화를 표현한다.

他以前没有电脑, 现在有了一台. 그는 이전에 컴퓨터가 없었는데 지금은 있다.

他以前有一台电脑, 现在没有了. 그는 이전에 컴퓨터가 있었는데 지금은 없다.

[문형 3] 상태·성질·정도를 표현하는 有자문

주어 + 有 + 상태·성질·정도
明天 有 雨.

1. 이 문형은 성질, 상태, 정도, 비교 등을 표현한다.

- 성질·상태의 존재를 표현

这个人很有学问. 이 사람은 학식이 있다.

外边有风. 밖에 바람이 있다.

她今天有病. 그녀는 오늘 아프다.

- '주체 + 有 + 수량 표현 + (형용사)'로 정도를 표현

这座桥有一公里(长). 이 다리는 길이가 1km이다.

他有50多岁. 그는 50세 정도 된다.

有의 주어는 동사구가 될 수도 있다.

他去上海有一个星期了. 그가 상해에 간지 일주일이 된다.

小李来韩国还没有三年. 샤오리는 한국에 온지 3년이 되지 않았다.

- 비교를 표현

韩国的物价有北京贵吗? 한국의 물가는 북경만큼 비싸니?
上海的冬天没有北京那么冷. 상해의 겨울은 북경만큼 춥지 않다.

[문형 4] 장소를 표현하는 在

주어 + 在 + 장소사
李老师 在 家.
餐厅 在 一楼.

【기본형식】

李老师不在家.	(부정형)
李老师在家吗?	(일반의문형)
李老师在不在家? 李老师在家不在?	(정반의문형)
李老师在哪儿?	(의문사형)

1. 有는 존재, 在는 장소를 표현한다. 在'의 목적어는 (사람·사물이) 어디에 있다는 장소이다. 在의 주어가 이미 알고 있는 사람·사물이면 수량사를 붙이지 않는다. 주어가 불특정 사람·사물일 경우 '有 + 수량사 + 명사'의 형식이다. 有는 우리가 모르는 불특정의 존재물을 가리킨다.

一本书在卓子上. (×)

→ 有一本书在卓子上. (○) 책상 위에 책이 한 권 있다.

一个学生在教室. (×)

→ 有一个学生在教室. (○) 교실에 학생 한 명이 있다.

这本书在卓子上. (○)

→ 有这本书在卓子上. (×) 이 책은 책상 위에 있다.

2 在의 부정은 不在이지만, 과거나 완료되지 않은 표현은 没有을 사용하여 부정할 수 있다.

小李现在不在家. 샤오리는 지금 집에 없다.

小李昨天不在家. ↔ 小李昨天没在家. 샤오리는 어제 집에 없었다.

小李还没在家. 샤오리는 아직 집에 없다.

Unit 07
전치사를 사용하는 구문

전치사를 사용하는 구문

전치사는 명사(구), 대명사와 함께 전치사구를 만든다. 전치사구는 보통 술어동사 앞에 놓이지만, 동사 뒤에 놓여 보어 역할을 하거나 문두에 오기도 한다. 전치사구는 동작의 시간, 장소, 방법, 대상, 원인, 방법 등을 표현한다. 전치사구의 위치는 다음과 같다

- 주어 + 전치사 + 명사/대명사 + 동사/형용사 + 기타 성분
- 주어 + 부사 + 조동사 + 전치사 + 명사/대명사 + 동사/형용사 + 기타 성분
- 주어 + 동사 + (在, 给, 向, 往, 自, 到, 于) + 명사/대명사

[문형 1] 전치사구 + 술어

주어	+ 전치사구	+ 술어	+ 목적어
他	在上海	学习	汉语

【기본형식】

他不在上海学习汉语. (부정형)

他在上海学习汉语吗? (일반의문형)
他在不在上海学习汉语? (정반의문형)
他在哪儿学习汉语? (의문사형)

1. 술어동사 앞에 전치사구가 올 경우, 동사와 하나가 되어 한 가지 행위를 나타내기 때문에 不는 대개 전치사구 앞에 온다. 다만 전치사구와 동사의 의미가 분리되는 경우는 不는 동사 앞으로 온다. 전자는 전치사구가 부정의 대상이 되지만, 후자는 포함되지 않는다.

他不在北京学习汉语. 그는 북경에서 중국어를 배우지 않는다.
* 在北京学习汉语을 부정

他在北京不学习汉语. 그는 북경에서 중국어를 배우지 않는다
* 북경에 있지만 중국어를 공부하지 않고 다른 것을 한다는 의미

她不用电脑写文章. 그녀는 컴퓨터로 글을 쓰지 않는다.
* 컴퓨터가 아닌 다른 필기구로 글을 쓴다는 의미

他对电影不感兴趣. 그는 영화에 흥미가 없다.
* 对电影이 부정의 대상이 아니고 感兴趣를 부정

[문형 2] 전치사구 + 주어 + 술어 + 목적어

전치사구	+ 주어	+ 술어	+ 목적어
在上海,	他	学习	汉语

1. 전치사구가 문두에 오는 경우, 문장의 화제 범위를 제시한다. 不, 没은 전치사구와 관계없이 술어동사 앞에 온다.

在北京, 他没学习汉语. 북경에서 그는 중국어를 배우지 않았다.
对电影. 他不太感兴趣. 영화에 그는 그다지 흥미가 없다.
对于韩国人来说, 汉字并不难. 한국인에게 한자는 그리 어렵지 않다.

[문형 3] 주어 + 술어 + 전치사구

주어 + 술어 + 전치사구
学生　坐　在教室里

【기본형식】

学生没坐在教室里.　(부정형)
学生坐在教室里吗?　(일반의문형)
学生坐没坐在教室里? 学生坐在教室里没有?　(정반의문형)
学生坐在哪儿?　(의문사형)

1. 전치사구는 기본적으로 술어동사나 형용사 앞에 놓이지만, 장소나 대상을 나타내는 일부 전치사구는 동사 뒤에 놓여 결과보어 역할을 하는 경우도 있다. 의미적으로 다음과 같은 특징을 보인다.

'전치사 + 장소 명사'가 동사 앞에 오는 경우, 동작자가 거주하는 장소나 동작의 발생 장소를 나타낸다. 반면에 '전치사 + 장소 명사'가 동사 뒤에 오는 경우, 주체·동작 대상의 존재 장소나 동작의 결과가 남아 있음을 나타낸다.

■ 동작의 장소

他在家里学习. 그는 집에서 공부한다.

他学习在家里.(×)

* 家는 공부하는 동작을 행하는 장소

■ 대상의 존재 장소

钥匙忘在家里了. 열쇠를 집에 두고 왔다.

在家里忘钥匙.(×) 열쇠를 집에서 잃어버렸다.

* 家는 잃어버린 결과 열쇠가 존재하는 장소

■ 주체의 존재 장소

学生坐在教室里.

学生在教室里坐.(×) 학생이 교실에 앉아있다.

* 学生在教室와 같은 의미

■ 동작의 결과로서 도착 장소

我们走到学校.

我们到学校走.(×) 우리는 학교까지 걸어갔다.

* 걸어간 결과로서 도착한 장소는 동사 뒤에 놓임

■ 수여동사의 대상

书还给李老师了.

书给李老师还了.(×) 책을 이선생님에게 돌려줬다.

* 책을 돌려 준 상대방이 동사 뒤에 놓임

3. 동사 뒤에 오는 전치사는 동사와 하나가되는 역할을 하므로 了는 전치사 뒤에 온다.

他坐在了椅子上. 그는 의자에 앉았다.
河水流到了大海. 강물이 바다까지 흘러간다.
这本书交给了小王. 이 책을 샤오왕에게 건네줬다.

了는 문미에 오는 경우 의미가 변화한다.

他坐在了椅子上. (동작의 완료) 그는 의자에 앉았다.
他坐在椅子上了. (장소의 변화) 그는 의자 쪽으로 앉았다.

4. '전치사구 + 동사구'의 경우, 동사 뒤에 목적어나 보어가 올 수 있지만, '동사구 + 전치사구'의 경우, 뒤에 목적어나 수량보어가 올 수 없다.
他在北京住了一年多. 그는 북경에서 1년여를 살았다.
他住在了北京一年多.(×)

5. '동사구 + 전치사구'의 경우, 목적어(동작대상)가 필요할 때는 목적어를 동사 앞에 놓거나, 把자 구문을 활용한다.

钥匙忘在家里了. 열쇠를 집에서 잃어버렸다.
请把你的名字写在这里. 당신 이름을 여기에 써주세요.
我把雨伞忘在教室了. 나는 교실에서 우산을 잃어버렸다.

[문형 4] 주어 + 전치사구 + 형용사술어

주어 + 전치사구 + 형용사술어
天津　离北京　很近.

【기본형식】

天津离北京不近.　(부정형)
天津离北京近吗?　(일반의문형)
天津离北京近不近?　(정반의문형)
天津离哪里近?　(의문사형)

1. 전치사구는 보통 형용사 술어 앞에 온다.

爸爸对哥哥很严厉. 아빠는 형에게 엄하다.
老师跟我关系不好. 선생님은 나와 관계가 좋지 않다.

2. 전치사구가 화제를 제시하는 경우 문두에 놓인다.

对这里的情况, 我不太熟悉. 이곳의 상황에 나는 그리 익숙하지 않다.
在钱上, 他相当马虎. 돈에 있어서 그는 상당히 무책임하다.

3. 비교를 나타내는 경우 비교의 대상을 전치사구로 나타낸다.

今天比昨天冷. 오늘은 어제보다 춥다.
你并不比别人差. 너는 다른 사람과 비교해 결코 차이가 안 난다.

▢ 상용 전치사

■ 시간, 장소, 방향 : 在, 从, 离, 向, 朝, 往, 打

我们在这儿照张相,留个纪念吧. 여기서 사진을 찍어 기념으로 남기자.
从上海到北京坐飞机要几个小时? 상해에서 북경까지 비행기로 몇 시간 걸리니.?
这儿离宿舍很远. 여기에서 기숙사까지는 아주 멀다.
他向我们介绍了一本书. 그는 우리에게 책 한권을 소개했다.
火车朝(向, 往)北京开去. 기차는 북경으로 간다.
火车开往哪儿? 기차가 어디로 가니?
小明打屋子里跑了出来. 샤오밍은 방에서 달려 나왔다.

■ 대상 : 给, 对, 跟(和), 同, 替, 关于, 至于

那本书给人借走了. 그 책은 다른 사람이 빌려갔다.
把你的想法对(跟 给)大家一说. 너의 생각을 모두에게 한 번 말해라.
关于我们的学习方法, 老师说有很多毛病. 우리 학습방법에 관하여 선생님은 문제를 지적했다.
至于房子, 单位暂时解决不了. 주택에 대하여 직장에서는 당분간 해결할 수 없다.
他跟我很好. 그는 나와 매우 사이가 좋다.
下午去商店的话, 替我买两瓶啤酒来. 오후에 상점에 가면 맥주 2병만 사와라.

■ 원인, 이유, 목적 : 由, 为, 为了, 为着

下午两点, 由公司乘车出发. 오후 2시 회사에서 차를 타고 출발한다.

火车费由个人负担. 기차경비는 개인이 부담한다.

我为他办点儿事儿, 心里很痛快. 내가 그를 대신해 일을 처리하니 마음이 아주 편하다.

那天他为大家准备了很多酒. 그날 그는 모두를 위해서 많은 맥주를 준비했다.

■ 수단, 방법 : 按(照), (根)据, 凭, 凭着

我应该按原则办事. 나는 원칙대로 일을 처리해야 한다.

既然这样, 就按你的意见办吧. 이미 이렇게 된 이상 너의 의견대로 처리해라.

据调查, 他一天前已经回国了. 조사에 의하면 그는 하루 전에 이미 귀국했다.

根据你的能力, 你可以通过了. 너의 능력에 따라 너는 통과할 수 있다.

■ 비교 : 比

书比杂志多. 책이 잡지보다 많다.

他不比我高. 그는 나보다 키가 크지 않다.

■ 피동형 : 叫, 被

那对花瓶叫人拿走了. 그 꽃병은 다른 사람이 가져갔다.

我被老师批评了. 나는 선생님에게 혼났다.

衣服被雨淋湿了. 옷이 비에 젖었다.

■ 처치 : 把

他把课文念得很熟. 그는 본문을 매우 잘 읽는다.
请你把你的经验谈谈. 너의 경험을 좀 이야기해 봐라.

■ 기타 : 沿(着), 顺(着), 随(着), 当

沿着铁路走十分锺就是火车站. 철도를 따라 10분 걸으면 기차역이다.
你们可以顺(着)这条江走,二十分就到了. 이 강을 따라 20분 걸어가면 도착할 수 있다.
当听说我能来北京学习时, 我高兴得哭了. 나는 북경에서 공부할 수 있다고 들었을 때 기뻤다.
当大家在休息时 , 他已经来到旅馆了. 모두 휴식하고 있을 때, 그는 이미 여관에 도착했다.

Unit 08

수여행위를 표현하는 구문

수여행위를 표현하는 구문

'他给我一张照片.'와 같이 상대방에게 무엇을 주고, 상대방으로부터 무엇을 받는 행위를 표현할 때, 중국어는 이중목적어 구문 또는 전치사 '给'을 사용한 구문을 이용한다.

[문형 1] 이중목적어로 수여 행위를 나타내는 경우

주어 + 수여동사 + 간접목적어 + 직접목적어
수여자 대상 수여 물건
他 给 我 一张照片.

【기본형식】

他不给我照片.	(부정형)
他给你照片吗?	(일반의문형)
他给不给你照片?	(정반의문형)
他给谁照片? 他给你什么?	(의문사형)

1. 이중목적어를 가질 수 있는 동사는 '주다, 취득하다, ~라고 부르다'라는 의미를 가지며, 그 숫자는 제한되어 있다. 주로 다음과 같은 동사들이 있다.

给 借 送 还 教 交 寄 卖 问 叫 收 告诉 通知

2. 조사 '了, 过'를 동사 뒤에 붙을 수 있고, 수량사를 직접목적어 앞에 넣는다.

老师送了我一本辞典. 선생님은 나에게 사전을 한 권 보냈다.
奶奶去年给过我两万元. 할머니는 작년 나에게 2만원을 준 적이 있다.

3. 给 이외의 수여동사는 '동사 + 给'의 형식을 이용할 수 있다. 특히 '交, 寄, 卖, 拿, 分, 租, 写, 扔, 带, 递' 등은 동사 뒤에서 给과 결합할 수 있다. 이때 수여 대상인 간접목적어를 반드시 넣어야 한다.

我写他一封信.(×)
→ 我写给他一封信. 나는 그에게 편지 한 통을 썼다
他扔我一本书.(×)
→ 他扔给我一本书. 그가 나에게 책을 한 권 던져 주었다.

送, 还, 教, 付, 借, 赔, 许 등은 给과 결합하는 것이 임의적이다.

我送他一本书. ↔ 我送给他一本书. 내가 그에게 책을 한 권 보냈다.
我送他. ↔ 我送给他. 내가 그에게 보내 주었다.
我送一本书. 我送给一本书.(×)
* '동사 + 给'의 형식의 수여 대상을 생략할 수 없다

'给, 偷, 问, 托, 骗, 告诉, 回答, 答应' 등의 동사는 给과 결합할 수 없다.

4. 특히 把자문에서 수여동사를 표현할 경우 '동사 + 给'의 형태를 사용한다.

我把书送给他. 내가 그에게 책을 보냈다.
请把你的地址留给我. 네 주소를 나에게 남겨줘라.

[문형 2] 전치사구로 수여 대상을 나타내는 경우

주어	+ 전치사구	+ 동사	+ (수량사)	+ 목적어
我	给他	打	(一个)	电话.

【기본형식】

我不给他打电话.	(부정형)
你给他打电话吗?	(일반의문형)
你给不给他打电话?	(정반의문형)
你给给谁打电话?	(의문사형)

1. 이중목적어 구문은 일부 수여동사만 쓰는 것이 아니라, 그 밖의 동사도 전치사구를 써서 대상을 표현한다. 또한 수여동사라도 전

치사구를 써서 수여 대상을 표현하지만, 기본적인 행위의 수혜자를 의미한다.

이중목적어 구문		전치사구로 상대를 표현
我打她一个电话.(×)	→	我给她打一个电话. 나는 그녀에게 전화를 했다.

* 비수여동사는 전치사구로 수여상대를 표현한다.

他教我汉语. → 他给我教汉语. 그는 나에게 중국어를 가르친다.

* 수여동사는 기본적으로 행위의 수익자(수익 대상)를 의미한다.

2. '给 + 대상'은 수여행위의 대상뿐만 아니라, 수익(수혜) 대상도 표현할 수 있다. 특히 수여동사에 쓰이는 전치사구는 대부분 수익(수혜) 대상을 나타낸다.

他给我买了一张电影票. 그는 나에게 영화표 한 장을 사 주었다.

* 给我는 수여대상이며 수혜대상을 표현한다.

我给她送了一束花. 나는 그녀에게 꽃을 한 송이 보냈다.

* 给她는 수여대상이며 수혜대상을 표현한다.

3. 수익 대상을 보다 명확히 만들기 위해서 전치사 '为, 替'로 바꿀 수 있다.

医生为病人治病. 의사가 환자를 위해 병을 치료했다.

他替我打扫了房间. 그는 나를 대신해 방을 청소했다.

你替我给他打一个电话. 네가 내 대신 그에게 전화를 해 줘라.

4. 전치사 '向, 跟' 등의 전치사구도 동작의 대상을 표현할 수 있다.

我先向大家做了一下自我介绍. 나는 먼저 모두에게 나를 소개했다.
老师跟学生商量旅行日程. 선생님은 학생들과 여행일정을 상의했다.

[문형 3] 전치사구가 목적어 뒤에 오는 경우

주어 + 동사 + 목적어 + 전치사구			
수여자		수여 물건	대상
他	送 了	一张照片	给我

【기본형식】

他不(没)送照片给我.	(부정형)
他送照片给你(了)吗?	(일반의문형)
他送不(没)送照片给你?	(정반의문형)
他送照片给谁(了)?	(의문사형)

送, 交, 寄, 扔, 写, 带' 등 일부 수여동사는 수여 대상에 给을 붙여 간접목적어의 위치를 문미로 이동할 수 있다. 의미는 변하지 않는다.

他送给我一本书.
→ 他送了一本书给我. 그는 나에게 책 한 권을 보냈다.
我寄给妈妈一封信.

→ 我寄了一封信给妈妈. 나는 어머니에게 편지 한통을 부쳤다.

他给大家带来一份礼物.

→ 他带来一份礼物给大家. 그는 모두에게 선물을 가져다 주었다.

[문형 4] 이중목적어로 수령 행위를 표현하는 경우

주어 + 동사 + 간접목적어 + 직접목적어			
수령자		대상	수령 물건
旅行社	收	我	50元手续费.

【기본형식】

旅行社不收我手续费. (부정형)

旅行社收你手续费吗? (일반의문형)

旅行社收不收你手续费? 旅行社收你手续费不收? (정반의문형)

谁收你手续费? (의문사형)

1. 이 문형은 상대방에게 물건을 '얻다. 취득하다'는 의미를 나타낸다. 주로 사용하는 어휘는 '借, 用, 拿, 偷, 罚' 등 소수의 동사이다.

警察罚了他一万元. 경찰이 그에게 벌금 만원을 부과했다.

小偷偷了我一个书包. 도둑이 나의 가방을 훔쳐갔다.

[문형 5] 전치사구로 수령 대상을 표현하는 경우

주어 + 전치사구 + 동사 + 목적어
수령자　대상　　수령 물건
我　跟他　借了　一本杂志.

【기본형식】

我不跟他借杂志.　(부정형)
你跟他借杂志吗?　(일반의문형)
你跟不跟他借杂志?　(정반의문형)
你跟谁借杂志?　(의문사형)

수령을 나타내는 동사 이외의 동사를 사용하는 경우는 전치사구로 수령 대상을 표현한다. 주로 '跟, 和, 从, 向' 등의 전치사를 사용한다.

我从他那儿得到了这个消息. 나는 그에게 이 소식을 얻었다.
学生向老师请教语法问题. 학생은 선생님에게 문법문제를 가르쳐 달라고 했다.
我向他要了一个新的电子邮箱. 나는 그에게 새로운 이메일을 요구했다.

[문형 6] 이중목적어로 전달 행위를 나타내는 경우

주어 + 전달동사 + 대상 + 전달 내용
간접목적어 직접목적어
老师 告诉 我们 下星期考试.

【기본형식】

老师没告诉我们下星期考试. (부정형)
老师没告诉你们下星期考试了吗? (일반의문형)
老师告诉没告诉你们下星期考试? 老师告诉你们下星期考试没有? (정반의문형)
老师告诉你们什么了? (의문사형)

전달 행위를 표현하는 경우도 수여 행위와 문형이 유사하다. 이 문형은 주로 '告诉, 通知, 报告, 问, 表扬, 批评, 奖励, 鼓励, 提醒, 警告' 등의 동사를 사용한다.

公司通知主任去上海出差. 회사가 주임에게 상해로 출장 가는 것을 통지했다.
老师没问我们问题. 선생님은 우리에게 질문을 하지 않았다.

[문형 7] 전치사구로 전달 행위를 나타내는 경우

주어 + 전치사구 + 동사 + 전달 내용
老师 跟我们 说 下星期考试.

【기본형식】

老师没跟我们说下星期考试. (부정형)

老师跟你们说下星期考试了吗? (일반의문형)

老师跟你们说没说下星期考试? 老师跟你们说下星期考试了没有? (정반의문형)

老师跟你们说什么了? (의문사형)

1. 이 문형은 '说, 讲, 商量' 등 발화 행위를 표현하는 동사를 사용한다. '跟, 对, 和, 朝, 向' 등 전치사를 사용하여 상대방을 표현한다.

他跟我说对不起. 그는 나에게 미안하다고 말했다.

导遊对大家说要注意安全. 가이드는 모두에게 안전에 주의해야 한다고 말했다.

他向一个老人打听去车站怎么走. 그는 노인에게 터미널을 어떻게 가는지 물어보았다.

可以跟你请教一个问题吗? 너에게 이 문제를 가르쳐 달라고 해도 되니?

2. 정보의 출처를 표현할 경우는 흔히 전치사 '从'을 사용한다. 그 뒤에 '听说, 了解' 등 정보를 얻은 행위를 표현하는 동사를 사용한다. 정보의 출처가 사람 등으로 장소명사가 아닌 경우는 '从…那儿'의 형태로 해야 한다.

我从电视上听说了这个消息. 나는 TV에서 이 소식을 들었다.

她从老师那儿知道自己得了满分. 그녀는 선생님에게 자기가 만점 받은 것을 알았다.

我从同学那里听说下星期要考试. 나는 친구에게 다음 주에 시험을 봐야 한다고 들었다.

3. 전달 행위 문장에서 직접목적어는 전달의 대상과 내용을 모두 표현할 수 있다.

老师告诉了我们这件事. 선생님이 우리에게 이 일을 알렸다.
校长告诉我们老师住院了. 교장선생님은 선생님이 병원에 입원했다고 알렸다.
老师跟我说过这句话. 선생님이 나에게 이 이야기를 한 적이 있다.
妈妈跟我说过早点儿回家. 어머니는 나에게 좀 일찍 집으로 돌아오라고 말했다.

Unit 09

조동사를 동반하는 구문

조동사를 동반하는 구문

조동사는 동사나 형용사 앞에 놓여 능력이나 희망, 당위, 가능, 필요, 허가 등의 의미를 표시한다. 동사처럼 중첩할 수 없으며, 일부의 상황이외에 조동사는 不로써만 부정할 수 있다.

■ 조동사의 종류

- 가능성 : 可能, 会, 能够, 能, 可以
- 능력, 가능 : 能, 能够, 会
- 필요 : 应该, 该, 要, 得
- 희망 : 要, 想, 愿意, 肯, 敢

要	~하고 싶다. ~해야 한다	想	~하고 싶다
能	~할 수 있다	该	~해야 한다
可以	~해도 된다	会	~할 줄 안다
可能	~할 수 있다	应当	당연히 ~해야 한다
能够	충분히 ~할 수 있다	应该	마땅히 ~해야 한다
敢	감히 ~하다	肯	기꺼이 ~ 하려고 하다
得	~해야 한다	愿意	~하길 바라다

[문형 1] 희망·예정을 표현하는 조동사

주어 + 조동사 + 동사구(동사 + 목적어)
我　　想　看　电影.

【기본형식】

我不想看电影.	(부정형)
你想看电影吗?	(일반의문형)
你想不想看电影?	(정반의문형)
你想看什么?	(의문사형)

1. 희망·예정을 표현하는 조동사로는 '想, 要, 打算, 愿意, 肯' 등이 있다.

我想明天就走. 나는 내일 바로 떠나고 싶다.
明天, 我要好好儿休息一下. 내일 나는 좀 푹 쉬려고 한다.
我们打算今年暑假去北京. 우리는 올 여름에 북경 갈 계획이다.
你愿意跟我们一起去吗? 너는 우리와 같이 가기를 원하니?

2. 시간, 장소, 목적을 나타내는 부사어는 조동사 앞이나 문두에 놓일 수 있다. 시간사는 보통 조동사 앞에 오지만, 조동사가 표현하는 희망 등의 내용에 시간사가 포함되는 경우 조동사 뒤에 온다.

星期天, 我想去看电影. 일요일에 나는 영화를 보러 가고 싶다.
* 일요일을 화제어로 함

我想星期天去看电影. 나는 일요일에 영화를 보러 가고 싶다.

* 다른 날이 아닌 일요일로 제한

3. 장소를 나타내는 전치사구는 보통 조동사 뒤에 놓이지만, 희망하는 내용에 장소가 포함되지 않는 경우는 조동사 앞에 올 수 있다.

我想在北京看电影.

→ 我在北京想看电影. 나는 북경에서 영화를 보고 싶다.

在北京, 我想买一点儿东西, 还想看一个电影. 북경에서 나는 물건을 사고 싶고, 영화도 보고 싶다.

我不想跟妈妈说这件事.

我跟妈妈不想说这件事. 나는 엄마에게 이 일을 말하고 싶지 않다.

4. '想'이외 희망을 나타내는 조동사도 기본적으로 같다.

星期天, 我愿意在家看书. 일요일에 나는 집에서 책보기를 원한다.

我现在要回家. 나는 지금 집으로 돌아가야 한다.

这个孩子今天不肯去学校. 이 아이는 오늘 학교를 가려고 하지 않는다.

[문형 2] 당연을 표현하는 조동사

주어 +	조동사 +	동사구(동사 + 목적어)
我	应该	吃 (一点儿) 水果.

【기본형식】

我不应该吃水果. (부정형)
你应该吃水果吗? (일반의문형)
你应该不应该吃水果? (정반의문형)
你应该吃什么? (의문사형)

1. 당연을 나타내는 조동사로는 '应该, 要, 应当, 该, 需要, 得' 등이 있다. 부정형은 조동사 앞에 不을 붙인다.

学生要努力学习. 학생은 열심히 공부해야 한다.
这件事, 你需要再调查一下. 이 일을 네가 다시 조사해야 한다.
他应当知道这件事. 그는 이 일을 알아야 한다.
时间不早了, 我们该走了. 시간이 늦었으니 우리는 가야 한다.
这孩子发烧了, 得马上去医院. 이 아이는 열이 나니 빨리 병원에 가야 한다.
你不应当做这件事. 너는 이 일을 해서는 안 된다.
请不要在这里抽烟. 여기에서 담배를 피우면 안 된다.

应该(该) 뒤에 동사 이외에도 절이 올 수 있다.

这件事应该我来负责. 이 일은 마땅히 내가 책임져야 한다.
上次是你付的钱, 这次该我付了. 지난번에 네가 돈을 냈으니 이번에는 내가 내야 한다.

2. 得은 조동사로 쓰일 때 得(děi)로 읽는다.

我的钱花完了，得去银行取钱. 나는 돈을 다 써서 은행에서 돈을 찾아야 한다.

得의 부정형은 '不用, 不必'이다.

这件事我能办好，不用求别人办. 이 일은 내가 처리할 수 있으니 다른 사람에게 부탁할 필요 없다.

[문형 3] 조동사와 유사한 기능을 하는 동사

주어 + 동사 + 동사구(동사 + 목적어)		
我	希望	一个人去旅行.

【기본형식】

我不希望一个人去旅行.	(부정형)
你希望一个人去旅行吗?	(일반의문형)
你希望不希望一个人去旅行?	(정반의문형)
你希望做什么?	(의문사형)

동사 '希望, 喜欢, 计划, 准备, 开始'등은 다른 동사구 앞에 놓여 조동사와 같은 역할을 한다.

他希望有机会去国外工作. 그는 외국으로 가서 일할 기회가 있기를 희망한다.

星期天，我喜欢在家看电视. 일요일에 나는 집에서 TV 보는 것을 좋아한다.

她计划明年去中国留学. 그녀는 내년에 중국으로 유학 갈 계획이다.

我准备跟他商量一下结婚的事. 나는 결혼문제를 그와 상담할 예정이다.

我开始学汉语已经两年多了. 나는 중국어를 배운지 2년여 되었다.

[문형 4] 가능을 표현하는 조동사 会

주어 + 조동사 + 동사 + 목적어
我 会 说 汉语.

【기본형식】

我不会说汉语.	(부정형)
你会说汉语吗?	(일반의문형)
你会不会说汉语?	(정반의문형)
你会说什么?	(의문사형)

1. 가능을 표현하는 조동사는 '会, 能, 可以' 3가지가 있다. 会는 학습, 연습을 통해 기술을 습득한 능력을 나타낸다. 주로 기능적인 능력이나 언어 능력 등을 표현한다.

我会说一点儿汉语. 나는 중국어를 조금 할 줄 안다.

我不会做中国菜, 你教我行吗? 나는 중국요리를 만들 줄 모르는데 가르쳐 줄 수 있니?

2. 会는 조동사뿐만 아니라, 동사로 사용하여 명사목적어를 가질 수 있다.

조동사 : 我会说英语, 不会说汉语. 나는 영어를 말할 수 있으나 중국어는 못한다.
동 사 : 我会英语, 不会汉语. 나는 영어를 할 줄 아는데, 중국어는 못한다.

3. 很, 真, 最, 特别 등 정도부사와 결합하여 '~를 잘한다.'는 의미를 표현한다.

她非常会打扮. 그녀는 멋을 잘 낸다.
我最会包饺子了. 나는 만두를 가장 잘 빚는다.

4. 가능성의 추측, 필연을 표현할 수 있다.

你们的理想一定会实现的. 너희들의 이상은 반드시 실현될 것이다.

[문형 5] 가능을 표현하는 조동사 能

주어 + 조동사 + 동사 + 목적어
我 能 开 车.

1. '어떤 일을 잘 한다'는 능력을 갖추었거나, '조건 때문에 어떤 일을 할 수 있다'는 가능성을 나타낼 경우에 能을 쓸 수 있다.

他能看英文小说. 나는 영문소설을 읽을 수 있다.
有些外国人不能吃生鱼片. 일부 외국인은 생선회를 먹을 수 없다.
这个教室能坐50个学生. 이 교실은 학생 50명이 앉을 수 있다.
我明天有事, 不能去见你. 나는 내일 일이 있어서 너를 만나러 갈 수 없다.

2. 객관적 사정이나 조건하에서 허락을 표현할 수 있다.

我不能告诉你答案. 나는 너에게 답을 알려줄 수 없다.
你是中学生, 还不能喝酒. 너는 중학생이니 술을 마실 수 없다.
汽车一个小时能到机场. 자동차는 1시간 안에 공항에 도착할 수 있다.

[문형 6] 가능을 표현하는 조동사 可以

주어 + 조동사 + 동사 + 목적어
这里　可以　照　相.

1. '可以'는 '~ 해도 되니?, ~ 해도 된다.'로 허락의 의미를 나타낸다. 법률, 규칙, 상식 등이 허락하는 경우 또는 상대에게 허가를 구할 때에 사용한다.

这里可以抽烟吗? 여기서 담배를 피워도 되니?
我可以进去吗? 내가 들어가도 되니?
里面可以照相吗? 안에서 사진을 찍어도 되니?

2. 어떤 조건하에서의 가능의 의미를 나타낸다. '能'과 같은 용법으로 치환할 수 있다.

我可以(/能)吃生鱼片. 나는 회를 먹을 수 있다.
他每天可以(/能)工作十个小时. 그는 매일 10시간 동안 일을 할 수 있다.
我们可以(/能)理解他的心情. 우리는 그의 마음을 이해할 수 있다.

3. 가능을 나타내는 可以의 부정문은 不能, 허가의 부정문은 不可以로 금지를 나타낸다.
不能, 不准으로 치환할 수 있다.

这儿不可以吸烟.
→ 这儿不能(/不准)吸烟. 여기에서 담배를 피우면 안 된다.
里面不可以照相.
→ 里面不能(/不准)照相. 안에서 사진을 찍으면 안 된다.

Unit 10
연동문

연동문

연동문은 하나의 주어에 두 개 이상의 연동구가 술어로 구성된 문장이다. 선행 동사구와 후속 동사구의 의미관계로써 일반적으로 4가지로 나눌 수 있다.

[문형 1] 선행 행위 + 후속 행위의 경우

두 개의 동작이나 상황이 연속적으로 발생함을 나타낸다.

주어 + 선행 동사구 + 후속 동사구				
	동사 +	명사	동사 +	명사
我	吃了	饭	看	电视.

【기본형식】

我吃了饭不看电视. (부정형)
你吃了饭看电视吗? (일반의문형)
你吃了饭看不看电视? (정반의문형)
你吃了饭干什么? (의문사형)

1. 연동문의 동사는 '동사 + 목적어'의 형식뿐만 아니라, 수량사, 전치사구, 보어 등을 수반할 수 있다.

他买了一个面包吃. 나는 빵을 하나 사 먹었다.
我在车站买了一本杂志在车上看. 나는 터미널에서 잡지를 한 권 사서 차에서 읽었다.
妈妈把信拿出来又看了一遍. 어머니는 편지를 꺼내 또다시 읽었다.
她坐在椅子上休息了一会儿. 그녀는 의자에 앉아서 잠시 쉬었다.
我推开门看了一下, 里面没有人. 내가 문을 열어 잠시 보니 안에 사람이 없었다.

2. 선행 동사구에 了가 오는 경우, 앞 행동이 끝난 후에 다음 행위로 옮겨가는 의미를 표현한다. 了는 과거와 미래의 행위에 모두 사용된다.

- 과거의 행위

昨天晚上, 我吃了饭去散步了. 어제 저녁 나는 밥을 먹고 산책을 했다.

- 미래의 행위

今天晚上, 我吃了饭去散步. 오늘 저녁 나는 밥을 먹고 산책을 한다.

3. 선행 동사구와 후속 동사구는 '先…再…', '…以后', '再…', '…(以后)就…' 등의 어구(접속사/부사)를 넣을 수 있다.

我先吃了饭再去学校. 나는 먼저 식사를 하고 다시 학교를 간다.

我下了课就回家. 나는 수업이 끝나고 바로 집으로 돌아간다.

4. 선행 동사구와 후속 동사구에 시간사, 장소사 등을 넣을 수 있다.

我吃了早饭, 8点左右去学校. 나는 아침 식사를 하고 8시쯤 학교에 간다.

我先在学校吃了饭再回家. 나는 먼저 학교에서 식사하고 다시 집으로 간다.

5. 부정부사 不 또는 조동사 등은 선행 동사구와 후속 동사구의 어느 쪽에 넣을 수 있지만, 놓는 장소에 따라 의미가 달라진다.

我不吃饭就去学校.

我吃完饭不去学校. 나는 식사를 하고 학교에 가지 않는다.

我想吃完饭去学校.

我吃完饭想去学校. 나는 식사를 하고 학교에 가려고 한다.

6. 선행 동사구가 후속 동사구의 동작, 시간을 나타낼 경우, 후속 동사구가 서술의 중심이 되어 있기 때문에 不, 조동사 등은 보통 후속 동사구에 둔다.

我今天吃完晚饭不想去散步. 나는 오늘 저녁식사를 하고 산책하고 싶지 않다.

他上了大学想学习汉语. 그는 대학에 들어가 중국어를 공부하려고 한다.

[문형 2] 선행 행위 + 목적 행위의 경우

후속 동사구(V_2)는 첫 번째 동사구(V_1)가 이행하는 행동의 목적을 나타낸다.

주어 + 선행 동사구 + 후속 동사구		
	선 행위	목적 행위
我	去机场	接朋友.

【기본형식】

我不去机场接朋友.　(부정형)
你去机场接朋友吗?　(일반의문형)
你去不去机场接朋友? 你去机场接朋友不去?　(정반의문형)
你去哪儿接朋友? 你去机场接谁?　(의문사형)

1. 이 문형은 선행 동사구가 선행 행위를 표현하고, 후속 동사구가 첫 번째 행위의 목적 행위를 표현한다. 두 개의 동사구는 동일한 행위의 두 가지 단계로 이해할 수 있다.

2. 선행 동사구의 동사 '上, 下, 到, 进, 出, 回, 来, 去' 뒤에는 동태조사 '了, 过', 접속사, 부사 '先…再…' 등을 붙이지 않고 후행동사 뒤에 붙인다.

我去了机场接朋友.(×)

我先去机场再接朋友.(×)
我去机场接朋友(去)了.(◯)
我去机场接了一个朋友.(◯) 나는 공항에 가서 친구를 맞이했다.

3. 부정부사 '不' 또는 조동사 등은 선행동사 앞에 온다.

我去机场不接朋友.(×)
→ 我不去机场接朋友. 나는 친구를 맞이하러 공항에 가지 않는다.
我去机场想接朋友.(×)
→ 我想去机场接朋友. 나는 친구를 맞이하러 공항에 가려고 한다.

[문형 3] 수단·방법 + 목적 행위

주어 + 선행 동사구 + 후속 동사구		
	수단·방법	목적
我	坐飞机	去北京.

첫 번째 동사구(V_1)는 동작의 진행 방법, 후속 동사구(V_2)는 동작이나 이행하는 행동의 목적을 나타낸다.

【기본형식】

我不坐飞机去北京. (부정형)
你坐飞机去北京吗? (일반의문형)

你坐不坐飞机去北京?　　　　　　　　(정반의문형)

你怎么去北京?　　　　　　　　　　(의문사형)

1. 후속 동사구는 목적을 나타내며, 선행 동사는 목적을 달성하는 수단·방법을 나타낸다.

我坐飞机去中国. 나는 비행기를 타고 중국에 간다.

我打电话联系他. 나는 전화로 그에게 연락한다.

我们通过别的公司送货. 우리는 다른 회사를 통해 물건을 보낸다.

2. '不'또는 조동사 등은 기본적으로 선행동사구 앞에 온다.

我不坐飞机去北京. 나는 비행기를 타고 북경에 가지 않는다.

老师想坐飞机去北京. 선생님은 비행기를 타고 북경에 가려고 한다.

3. 선행 동사에 목적어가 없는 경우는 동사 뒤에 '着'을 붙인다. 반면에 선행 동사에 목적어가 있으면 동사에 '着'을 붙여 A행위를 하면서 B행위를 하는 의미를 표현한다.

他走着回家. 그는 걸어서 집으로 돌아간다.

她笑着向我们不停地挥手. 그녀는 웃으면서 우리에게 계속 손을 흔들었다.

他们唱着歌去学校. 그들은 노래를 부르며 학교에 간다.

4. 수단이나 방법을 표현하는 '用'은 전치사화 되어 '着'을 붙이지 않는다.

她用着毛笔写字.(×) → 她用毛笔写字. 그녀는 붓으로 글씨를 쓴다.
我用电脑打报告. 나는 컴퓨터를 이용해 보고를 한다.
他们用汉语聊天儿. 그들은 중국어로 이야기한다.

[문형 4] 인과관계를 표현하는 경우

첫 번째 동사구(V_1)가 후속 동사구(V_2)의 원인을 표시한다.

주어 + V_1 + V_2		
	원인	결과
他	生病	住院了.

【기본형식】

他没生病住院.	(부정형)
他生病住院了吗?	(일반의문형)
他是不是生病住院了?	(정반의문형)
他为什么住院了?	(의문사형)

1. 선행 동사가 원인을 나타낼 경우, 후속 동사는 결과를 나타낸다. 선행 동사구에 '了'를 붙일 수 있다.

他生了病住院了.그는 아파서 입원했다.
孩子摔了一跤受了伤. 아이는 넘어져서 상처를 입었다.
我看了这个电影很感动. 나는 이 영화를 보고 감동했다.

我们赢了这场比赛得了冠军. 우리는 이 경기를 이겨서 우승했다.

2. '没'은 선행 동사구와 후속 동사구 앞에 붙일 수 있지만, 놓는 장소에 따라 문장의 의미가 변한다.

他没生病住院. (전체부정) 그는 아파서 입원하지 않았다.

他生了病没住院.(住院을 부정) 그는 아팠지만 입원하지 않았다.

我们没赢这场比赛得了亚军. (선행 동사를 부정)우리는 이 경기를 이기지 못해 2등을 했다.

我们輸了这场比赛没得冠军. (후속 동사를 부정)우리는 이 경기를 져서 우승하지 못했다.

3. 후속 동사구가 서술의 초점이 될 때 대부분 조동사를 후속 동사구에 붙인다.

他生了病想去住院. 나는 아파서 병원에 입원하려고 한다.

他生了病不能去学校. 나는 아파서 학교에 갈 수 없다.

4. 선행 동사구와 후속 동사구가 인과관계에 있을 때, 두 개의 동사구를 '因为…, 所以…' 등으로 연결할 수 있다. 이 경우는 연동문이 인과관계를 나타내는 복문으로 바뀐다.

他因为生了病, 所以想去住院. 그는 아프기 때문에 병원에 입원하려고 한다.

他由于生病, 因此不能去学校. 그는 아파서 학교에 갈 수 없다.

Unit 11
겸어문

겸어문

[문형 1] 사역 또는 요구·명령의 동사를 사용하는 경우

주어 + 선행 동사 + 兼语(목적어/주어) + 후속 동사구
公司 派 他 去中国.

【기본형식】

公司不派他去中国.	(부정형)
公司派他去中国吗?	(일반의문형)
公司派不派他去中国?	(정반의문형)
公司派谁去中国? 公司派他去哪儿?	(의문사형)

1. 선행 동사구에 다음과 같은 사역·명령·요구 등을 표현하는 동사를 사용한다.

催 / 催促　派 / 派遣　求 / 请求　托 / 委托　要求　嘱咐
强迫　推荐　邀请　介绍　禁止　命令　请　逼

上司命令我去中国出差. 상사가 나에게 중국으로 출장가라고 명령했다.

我们请求她留下来. 우리는 그녀에게 남아 있으라고 요구했다.
他托我给你带来一件礼物. 그는 나에게 너를 위해 선물을 가져 오라고 부탁했다.
管理员禁止人们在这里钓鱼. 관리원은 사람들이 여기에서 낚시하는 것을 금지시켰다.

2. 부정부사 '不, 没'은 선행 동사 앞에 붙인다.

公司不派他去中国. 회사는 그를 중국으로 파견하지 않는다.
我们没选她作代表. 우리는 그녀를 대표로 뽑지 않았다.
老师没要求我们写作文. 선생님은 우리에게 작문을 요구하지 않았다.

'别, 不要' 등 금지를 나타낼 경우 후속 동사구에 붙는다.

我们求他别去冒险. 우리는 그에게 모험을 하지 말라고 요구했다.
妈妈嘱咐我不要睡懒觉. 어머니는 나에게 늦잠을 자지 말라고 당부한다.

3. '지도하다, 평가하다, 기쁘게 하다, 만족시키다, 향상시키다, 도와주다' 등을 표현하는 동사도 겸어문을 사용할 수 있다.

王老师指导我们练习会话. 왕선생님은 우리에게 회화연습을 지도한다.
我帮你打扫房间吧. 내가 방청소를 도와 줄께.
她喜欢男朋友为人正直. 그녀는 남자친구가 정직한 것을 좋아한다.
我担心她今天不来上课. 나는 그녀가 오늘 수업에 오지 않은 것이 걱정된다.

4. 겸어문은 이중목적어 구문과 유사하지만, 겸어문은 '상대에게 …를 시키다'에 중점을 두고 이중목적어 구문은 '상대에게 …를 하다'에 중점을 둔다.

老李指导我们打太极拳.(겸어문) 이선생은 우리에게 태권도를 지도한다.
老李教我们打太极拳.(이중목적어문) 이선생은 우리에게 태권도를 가르친다.
公司派他去中国.(겸어문) 회사가 그를 중국으로 파견한다.
公司通知他去中国.(이중목적어문) 회사가 그에게 중국으로 가는 것을 통지했다.

5. 첫 번째 술어 뒤에는 동태조사 '了, 着, 过'를 붙일 수 없다. 만약 필요한 경우 후속동사나 문장 끝에 온다.

爸爸让我叫了一辆出租车. 아버지는 나에게 택시 한 대 부르라고 했다.

[문형 2] 사역동사를 사용하는 경우

주어 + 사역동사 + 兼语(목적어/주어) + 후속 동사구
妈妈　叫　女儿　去买东西.

【기본형식】

妈妈不叫女儿去买东西.	(부정형)
妈妈叫女儿去买东西吗?	(일반의문형)

妈妈叫不叫女儿去买东西? (정반의문형)
妈妈叫谁去买东西? 妈妈叫女儿做什么? (의문사형)

1. 선행 동사구에 '叫, 让, 请' 등의 동사를 사용한다. 동사의 실질적인 의미는 없고 오로지 사역동사 역할을 한다.

老师让学生平时多听多说. 선생님은 학생들에게 평소에 많이 듣고 말하도록 시킨다.
星期六, 我请他来吃晚饭. 토요일에 나는 그를 저녁식사에 초대했다.
妈妈叫我帮她打扫房间. 어머니는 나에게 방청소를 도와주라고 한다.

2. 사역 행위를 표현할 경우, '不, 没'은 사역동사와 후속동사의 어느 쪽이든 올 수 있으나, 놓이는 위치에 따라 부정의 대상이 다를 수 있다.

医生不让病人喝酒. 의사는 환자에게 술을 마시지 말라고 한다.
* 환자가 술 마시는 것을 부정
医生叫病人不要喝酒. 의사는 환자에게 술을 마시지 말라고 한다.
* 술 마시는 것을 부정

3. 허가나 금지를 표현할 경우, 사역의 대상을 생략할 수 있다.

这次考试, 老师让(学生)带词典. 이번 시험은 선생님이 사전을 가져와도 된다고 했다.
飞机上不让(旅客)抽烟. 기내에서는 흡연이 금지되어 있다.

[문형 3] 인과관계를 표현하는 사역문

주어 + 사역동사 + 兼语(목적어/주어) + 후속 동사구
地震 使 城市 受到损失.

【기본형식】

地震没使城市受到损失. (부정형)
地震使城市受到损失了吗? (일반의문형)
地震使城市受没受到损失? 地震使城市受到损失没有? (정반의문형)
地震使城市受到什么损失? (의문사형)

1. 인과관계를 표현하는 사역문은 동사 '使, 让, 使得'을 사용한다. 주어는 대부분 무생물이다.

这个电影使她很感动. 이 영화는 그녀를 매우 감동시켰다.
他的行为让大家吃了一惊. 그의 행동은 모두를 놀라게 했다.
虚心使人进步, 骄傲使人落后. 겸허함은 사람을 발전시키고, 오만은 낙후시킨다.

2. 선행 동사구에 전치사 또는 접속사를 사용해 원인이나 기회를 표현할 수 있다.

通过这次参观使我学到很多东西. 이번 견학을 통해 나는 많은 것

을 배웠다.

由于大雪使气温下降了五度. 대설 때문에 기온이 5도 내려갔다.

经过他的说明让我理解了这个问题. 그의 설명을 통해 나는 이 문제를 이해했다.

3. 원인이나 기회는 독립된 문장으로 역할을 하고, 후속 문장의 문두에는 '使 , 让'을 사용해 전후 문장을 연결할 수 있다.

昨天参观了博物馆, 使我学到很多东西. 어제 박물관을 견학하고 나는 많은 것을 배웠다.

昨天下了一场大雪, 使气温下降了五度. 어제 대설이 내리고 기온이 5도 내려갔다.

汉堡包热量很高, 吃多了容易使人发胖. 햄버거는 칼로리가 높아 많이 먹으면 살찌기 쉽다.

听说老师住院了, 这让我们都很吃惊. 선생님이 입원했다는 소식을 듣고, 우리는 모두 놀랐다.

4. 선행구와 후속구를 접속사로 연결할 수 있다. 구조적으로는 복문과 같다. '使'를 넣어도 되고 생략할 수도 있다.

因为昨天下了一场大雪, 所以(使)气温下降了五度. 어제 큰 눈이 내렸기 때문에 기온이 5도 내려갔다.

由于缺少资金, 所以(使)工程停了下来. 자금 부족 때문에 공사가 멈추었다.

[문형 4] 존재·잔류 등을 표현하는 경우

주어 + 선행동사 + 兼语(목적어/주어) + 후속 동사구
各班　留下　两个学生　打扫教室.

【기본형식】

各班不(/没)留(下)学生打扫教室.　(부정형)
各班留下学生打扫教室(了)吗?　(일반의문형)
各班留不(/没)留(下)学生打扫教室?　(정반의문형)
各班留(下)学生干什么?　(의문사형)

선행 동사구는 주로 '留下, 留, 剩下, 有, 无' 등의 동사가 사용된다.

教室里剩下一个学生在写作业. 교실에 학생 한 명이 남아서 숙제를 하고 있다.
这个大学有很多学生学汉语. 이 대학은 중국어를 공부하는 학생이 많다.

□ 겸어문과 연동문의 차이점

겸어문은 연동문과 함께 두 개의 술어를 가지고 있어 구별하기 쉽지 않다. 연동문은 두 개의 동사가 하나의 주어를 갖고, 두 개의 연동된 동사 사이의 관계는 연속관계이다. 겸어문은 하나의 문장에 두 개의 동사를 가지면서 중간에 명사를 삽입하여 만들어 진다. 이 두 개의 동사는 주어를 공용하지 않으며, 앞에 있는 동사의 목적어가 뒤에 있는 동사의 주어가 된다. 즉 선행동사가 항상 명령을 하여 후행동사에 동작을 시키는 것이다.

연동문 : 我去车站接客人.
겸어문 : 我请客人来我家.

다음 문장과 같이 구별하기 애매한 경우도 있다.

연동문 : 我去机场送朋友.
겸어문 : 我送朋友去机场.
我陪妈妈去医院.

Unit 12
有를 동반한 구문

有를 동반한 구문

1. 有구문은 '我有一个朋友住在上海.'와 같이 확장할 수 있다. 有를 동반하는 확장구문은 선행 동사구와 후속 동사구의 의미관계에 따라 겸어문 형식와 연동문 형식로 나눌 수 있다.

■ 겸어문 형식 : 주어 + 有 + 兼语(목적어/주어) + 확장구조

문법적으로 선행동사가 항상 명령을 하여 후행동사에게 동작을 시키는 형태는 아니지만, 구조적으로 겸어문 형식이다.

我 有一个朋友 住在上海. 나는 상해에 살고 있는 친구가 있다.

■ 연동문 형식 : 주어 + 有 + 목적어 + 확장구조(동사 + 목적어)

동사 有를 사용하여 만든 연동문에서 有는 항상 명사와 결합하여 후속 술어의 앞부분에 놓인다.

我 有一个朋友 想给你介绍一下. 나는 너에게 소개해주고 싶은 친구가 있다.

2. 有의 목적어인 명사 앞에 수량사를 붙여 불특정 대상을 나타낸다. 또한 후속 동사구가 설명의 초점이기 때문에 조동사나 부사

등은 후속 동사에 붙인다.

3. '不, 没 '은 선행 동사구와 후속 동사구에 붙일 수 있지만, 그 위치에 따라 의미가 다르다.

① 我没有朋友住在上海. 나는 상해에 살고 있는 친구가 없다.
我没有朋友能给你介绍. 나는 너에게 소개해 줄 수 있는 친구가 없다.

② 我有一个朋友不住在上海. 나는 상해에 살지 않는 친구가 있다.
我有一个朋友还没给你介绍. 나는 너에게 소개해주지 않은 친구가 있다.

4. 동사 有로 대상을 제시하고, 그 대상에 대해서 후속동사로 무엇인가 설명해준다. 후속 동사의 내용을 제한하는 관형어가 된다.

A 我有一个喜欢唱歌的朋友. 나는 노래를 좋아하는 친구가 있다.
* 존재의 의미를 강조

B 我有一个朋友喜欢唱歌. 나는 친구가 있는데 그는 노래를 좋아한다.
* 무엇을 한다는 의미에 중점

我有一个朋友正在北京留学. 내 친구는 지금 북경에서 유학중이다.
班里有一半学生学汉语. 반의 학생들 대부분은 중국어를 배운다.

5. 有의 주어(장소, 소유자)가 생략되는 경우, 有는 존재의 의미가 약하고 불특정의 대상을 나타낼 수 있다.

■ 주어가 장소

房间里有一个人唱歌. 방안에 노래를 부르는 사람이 있다.

■ 주어가 소유자

我有一个朋友喜欢唱歌. 나는 노래를 좋아하는 친구가 있다.

■ 장소나 소유자가 없는 경우

有一个人唱歌. 누가 노래를 부른다.

有를 동반한 확장구조에는 다음 네 가지 문형이 있다.

[문형 1] 겸어문 형식

주어 + 有 + 겸어(목적어/주어) + 확장구조
我 有 一个朋友 在北京留学.

【기본형식】

我没有一个朋友在北京留学. (부정형)
你有朋友在北京留学吗? (일반의문형)
你有没有朋友在北京留学? (정반의문형)

1. 有의 목적어는 불특정의 대상을 나타낸다. 따라서 这个, 那个 등의 관형어가 붙은 확정적인 목적어가 올 수 없다. 단지 수량사 '一个, 几 个, 一些' 등이 붙은 불특정 목적어만 올 수 있다.

我有一个姐姐在上海工作. 나는 상해에서 일하는 누나가 있다.
他有姐姐在上海工作. (×)
→ 他的姐姐在上海工作. (○) 그의 누나는 상해에서 일을 한다.
他有爸爸在上海工作. (×)
→ 他的爸爸在上海工作. (○) 그의 아버지는 상해에서 일을 한다.

위 문장에서 누나가 복수로 볼 수 있으므로 불특정 대상이 되지만, 수량사를 붙이지 않으면 1인이 아닌 특정의 대상이 되어 문장이 성립되지 않는다. 일반적으로 복수의 아버지로 생각하지 않으므로 지정된 대상으로 고쳐야 한다. 또는 다음과 같이 有 뒤에 고유명사를 붙여 특정의 인물을 말하는 것이 일반적이다.

我们有田老师指导. 우리를 지도할 티앤선생이 있다.

2. 有의 목적어는 후속 동사구의 주어로 후속 동사는 다시 목적어가 올 수 있다.

我有一个邻居也在学汉语. 나의 이웃도 중국어를 공부하고 있다.
夏天有很多人来这里参观. 여름에 이곳을 견학하러 오는 사람이 많다.

3. 후속 동사구는 동작을 나타내는 동사구가 자주 쓰이지만, 성질·상태를 나타내는 형용사구와 인정을 의미하는 是구문이 올 수도 있다.

我有一个朋友也想学汉语. 나의 친구도 중국어를 배우고 싶어 한다.
她有一件衣服很漂亮. 그녀는 예쁜 옷이 한 벌 있다.
我们公司有不少职员是外国人. 우리 회사는 많은 직원들이 외국인이다.

[문형 2] 연동문 형식

장소·소유자 + 有 + 명사 + 확장부분
我 有一件礼物 送给你.

【기본형식】

我没有礼物送给你. (부정형)
你有礼物送给我吗? (일반의문형)
你有没有礼物送给我? (정반의문형)

有의 목적어가 후속 동사구의 경우 동작의 대상이 되므로 후속 동사구는 다시 동작 대상(직접목적어)이 올 수 없다. 대신 동작의 상대(간접목적어)는 올 수 있다.

我有一件事想告诉你. 나는 너에게 알려주고 싶은 일이 있다.
这里有一些工作请大家去做. 여기에는 모두 가서 해야할 일이 좀 있다.
商店里有很多商品供顾客选择. 상점에는 손님에게 필요한 상품이 많다.

[문형 3] 조건을 나타내는 '有+ 명사구'

장소·소유자 + 有 + 명사구 + 확장부분
조건 동작
我 有 时间 看电影.

'有+ 명사구'는 후속 동사의 조건을 나타낸다. 부정형은 '没有 + 명사구'의 형식이다.

我有时间看电影. 나는 영화 볼 시간이 있다.
他有资格参加这次比赛. 그는 이번 경기에 참자할 자격이 있다.
我现在没钱去中国旅行.나는 지금 중국에 여행할 돈이 없다.
大家现在都没心思吃饭. 모두 지금 식사할 마음이 없다.

[문형 4] 원인을 나타내는 '有+ 명사구'

장소·소유자 + 有 + 명사구 + 확장부분
원인 상태·동작
我 有 病 在家休息.

【기본형식】

她有病(也)不在家休息. (부정형)
她有病在家休息吗? (일반의문형)

'有 + 명사구'는 원인을 나타내며, 후속 동사구의 결과(행위)를 나타낸다. 부정형은 '没有 + 명사구'의 형식이다.

我妻子有事出门了. 내 아내는 일이 있어서 외출했다.
她有病不想去上班. 그녀는 아파서 출근하기 싫어한다.
我明天有课不能看电影. 나는 내일 수업 때문에 영화를 볼 수 없다.

Unit 13
보어를 동반하는 구문

보어를 동반하는 구문

보어는 술어의 뒤에 위치하여 동사 형용사 등의 술어를 수식하는(보충설명) 작용을 한다.

일반적으로 동작의 정도, 가능, 결과, 상태, 방향, 수량 등을 표시한다.

Ⅰ. 결과보어

[문형 1] 결과보어를 동반한 구문

주어 + 동사 + 결과보어 + 목적어 + 了
我 看 完 书 (了).

【기본형식】

我没看完书. (부정형)
你看完书了吗? (일반의문형)

你看(完)没看完书? 你看完书了没有? (정반의문형)

你看完什么书了? (의문사형)

1. 결과보어는 술어동사 뒤에 위치하여 동작이나 변화의 결과를 표현한다. 결과보어는 주로 동사나 형용사로 구성되며 목적어를 취할 수 있다.

동사 + 동사 : 他吃完早饭了. 그는 아침식사를 다했다.

동사 + 형용사 : 我已经吃饱(饭)了. (배가 부르게)나는 식사를 다했다.

2. '동사 + 결과보어'가 합해져 복합동사처럼 쓰이기 때문에 그 사이에 기타 성분이 들어갈 수 없다. 목적어나 수량사 등은 결과보어 뒤에 위치한다.

看完书. 책을 다 읽었다.

看完一本书. 책을 한 권 다 읽었다.

3. 동태조사 了가 필요한 경우는 동사술어문처럼 문미나 결과보어 뒤에 온다.

我看完书了. 나는 책을 다 읽었다.

我看完了一本书. 나는 책을 한 권 다 읽었다.

4. '동사 + 결과보어'의 부정은 보통 没를 사용하지만, 조건문은 不을 쓸 수 있다.

我昨天没看完这本书. 나는 어제 이 책을 다 읽지 못했다.
我还没看完这本书. 나는 아직 이 책을 다 읽지 못했다.
今天不看完这本书就不睡觉. 오늘 이 책을 읽을 때까지 잠을 안 잔다.

5. '동사 + 결과보어'는 동작의 주체와 대상의 상태를 표시하므로 동작의 주체와 대상을 주어로 할 수 있다.

我看完(这本书)了. 나는 이 책을 다 읽었다.
这本书(我)看完了. 이 책을 나는 다 읽었다.

6. '동사 + 결과보어'는 목적어의 존재에 따라 의미가 바뀐다.

■ 목적어를 수반하지 않는 경우

他摔倒了. 그는 넘어졌다.

■ 목적어를 수반하는 경우

他摔倒了对方. 그는 상대방을 넘어뜨렸다.

7. 결과보어에 쓰이는 단어는 주로 동사나 형용사이지만, 전치사구가 쓰이기도 한다.

■ 동사의 경우

我还没写完作业. 나는 아직 숙제를 다 하지 않았다.

钥匙终于找到了. 열쇠를 마침내 찾았다.
我能听懂一点儿汉语. 나는 중국어를 조금 알아들을 수 있다.
这儿能看见泰山. 여기에서 태산을 볼 수 있다.

■ 형용사의 경우

学好外语很重要. 외국어를 마스터하는 것이 중요하다.
房间没打扫干净. 방은 깨끗이 청소하지 않았다.
我没听懂(清楚)你说的话. 나는 네가 이야기하는 말을 이해하지 못했다.

■ 전치사구의 경우

我们一起走到车站. 우리는 함께 터미널로 걸어갔다.
他住在公司宿舍里. 그는 회사 기숙사에 살고 있다.

전치사구를 수반하는 경우 그 뒤에 목적어가 올 수 없으므로 목적어(동작의 대상) 성분을 동사 앞에 위치해야 한다.

这封信已经交给老师了. 이 편지는 이미 선생님에게 건네주었다.
看电视看到11点. 11시까지 TV를 본다.

8. '동사 + 결과보어' 뒤의 목적어는 특정의 대상, 불특정의 대상 어느 것이나 가능하지만, 불특정의 대상이 비교적 많다. 특정의 대상은 把자문이나 동작대상의 전치문으로 표현하는 것이 대부분이다.

■ 불특정 대상

他送给了我一张照片. 그는 나에게 사진을 한 장 보내주었다.

■ 특정 대상

→ 他把那张照片送给我了. → 那张照片, 他送给我了. 그는 그 사진을 나에게 보내주었다.

Ⅱ. 방향보어

방향보어는 동사 뒤에 놓여 동작이나 행위의 방향을 나타낸다. 방향보어는 단순방향보어와 복합방향보어로 나눌 수 있다.

[문형 2] 단순방향보어를 동반한 구문

주어 + 동사 + 방향보어 + 목적어(장소·사물)
他 走 回 家.

【기본형식】

他没走回家.	(부정형)
他走回家吗?	(일반의문형)
他走没走回家? 他走回家没有?	(정반의문형)

1. 단순방향보어 뒤에 목적어가 올 수 있다. 부정부사 '不, 没'은 동사 앞에 온다.

他走进房间(里). 그는 방으로 걸어 들어갔다.
他买回很多书. 그는 많은 책을 사가지고 돌아왔다.
他没带回家. 그는 집으로 가지고 가지 않았다.

2. 방향보어는 동작의 주체(주어)와 대상(목적어) 모두 이동방향을 나타내지만, 동사의 의미에 의해서 구별된다. 일반적으로 동사가 주체의 이동(자동사)을 나타내면, 보어도 주체의 이동을 표시한다. 동사가 대상(타동사)을 나타내면, 보어도 대상의 이동을 표시한다.

■ 주체의 이동

他走回家. 그는 걸어서 집으로 돌아갔다.

■ 대상의 이동

妈妈买回水果. 할머니는 과일을 사가지고 돌아갔다.
爸爸寄回一封信. 아버지는 편지를 부치고 돌아왔다.

3. 방향보어 뒤에 장소사가 올 수 있다. 장소사는 주로 대상 앞에 온다.

妈妈买回家一些水果. 어머니는 과일을 조금 사가지고 집으로 돌아왔다.
爸爸寄回家一封信. 아버지는 편지를 부치고 집으로 돌아왔다.

[문형 3] 단순방향보어 来 / 去

주어 + 동사 + 장소사 + 来 / 去
妈妈 带 家 来.
주어 + 동사 + 来 / 去 + 목적어(사물)
妈妈 带 来 一些水果.
주어 + 동사 + 장소사 + 来 / 去 + 목적어(사물)
妈妈 带 家 来 一些水果.

【기본형식】

妈妈没带(家)来水果. (부정형)
妈妈带(家)来水果了吗? (일반의문형)
妈妈带没带(家)来水果? 妈妈带(家)来水果没有? (정반의문형)
妈妈带(家)来什么了? (의문사형)

1. 来 / 去는 다른 단순방향보어와 달리 장소사 앞에 오지 않고 뒤에 온다.

妈妈带家回. (×) → 妈妈带回家. (○) 어머니는 집으로 가지고 돌아온다.
妈妈带来家. (×) → 妈妈带家来. (○) 어머니는 집으로 가지고 온다.
妈妈带回了家. ↔ 妈妈带回家了. 어머니는 집으로 가지고 돌아왔다.
妈妈带家来了. (○) 妈妈带了家来. (×) 어머니는 집으로 가지고 왔다.

2. 대상의 이동을 나타낼 경우, 来 / 去는 이동대상 앞뒤에 올 수 있지만, 위치에 따라 역할이 바뀐다.

A 妈妈带来一些水果.(来는 방향 보어) 어머니가 과일을 좀 가지고 온다.
B 妈妈带一些水果来.(来는 이동 동사) 어머니가 과일을 좀 가지고 온다.

장소사와 이동 대상이 모두 올 경우, A형식은 来/去의 앞에 장소사가 오고, B형식은 来/去의 뒤에 장소사가 온다. 단지 B형식에서 来/去가 이동 동사의 기능을 하기 때문에 연동문으로 변한다.

A 妈妈带家来一些水果. 어머니가 집으로 과일을 좀 가지고 온다.

B 妈妈带一些水果来家. 어머니가 과일을 좀 가지고 집으로 온다.

A형식은 '타동사 + 방향보어'의 구조로 대상(목적어)의 이동을 나타내지만, B형식은 연동문의 구조로 주체(주어)의 이동을 나타낸다.

[문형 4] 복합방향보어

A형태
주어 + 동사 + 복합방향보어 + 목적어(사물)
他 买 回来 几本书.

B형태
주어 + 동사 + 단순방향보어 + 목적어(사물) + 来/去
他 买 回 几本书 来.

이동의 대상과 장소를 병행하는 경우
주어 + 동사 + 단순방향보어 + 장소사 + 来/去 + 목적어(사물)
他 买 回 家 来 几本书.

【기본형식】

他没买回来书.	(부정형)
他买回来书了吗?	(일반의문형)

他买没买回来书? 他买回来书没有?　　(정반의문형)

他买回来什么了?　　(의문사형)

1. 이동의 대상을 동반하는 경우는 A형식과 B형식이 가능하다. B형식은 예정 등에 많이 사용된다.

A 他买回来几本书. 그는 책을 몇 권 사가지고 돌아온다.

B 他(打算)买回几本书来. 그는 책을 몇 권 사가지고 돌아올 예정이다.

2. 장소사는 복합방향보어 사이에 놓인다.

他买回家来. 他买回来家.(×) 그는 사가지고 집으로 돌아온다.

3. 이동의 대상(사물)과 장소사를 동반하는 경우, 장소사를 복합방향보어 사이에 놓고, 대상을 来/去의 뒤에 놓지만, B형식은 来/去를 문미에 놓는 경우도 있다.

A 他买回家来几本书. 그는 책을 몇 권 사가지고 집으로 돌아온다.

B 他买回家几本书来. 그는 책을 몇 권 사가지고 집으로 돌아온다.

■ 방향보어에서의 了의 위치

1. 단순방향보어에서 수량사가 없는 경우 了는 보어 뒤, 또는 문미에 놓는다.

妈妈带回了水果. ↔ 妈妈带回水果了. 어머니가 과일을 가지고 돌아왔다.

妈妈带回了家. ↔ 妈妈带回家了. 그는 집으로 가지고 돌아왔다.

2. 수량사가 있는 경우 了는 보통 수량사 앞에 온다.

妈妈带回了一些水果. 어머니가 과일을 조금 가지고 돌아왔다.

妈妈带回一些水果了.(×)

3. 복합방향보어의 경우, 了는 来/去의 뒤나 문미에 놓인다. 수량사가 있는 경우는 보통 수량사 앞에 온다.

他买回家来了. 그는 사가지고 집으로 돌아왔다.

他买回来了几本书. 그는 책을 몇 권 사가자고 집으로 돌아왔다.

4. 장소사나 이동 대상이 모두 있는 경우, 了는 장소사 뒤에 오지만 来/去를 사용하면 了가 필요 없다.

他买回家了几本书. → 他买回家来几本书. → 他买回家几本书来.

그는 책을 몇 권 사가지고 집으로 돌아왔다.

5. 장소사가 없으면 了는 동사 뒤에 온다. 이 경우 보어부분에 장소사나 목적어를 넣을 수 없다.

他走了进来. 그는 걸어서 들어왔다.

他走了进教室来. (×) → 他走进教室来(了). (○) 그는 걸어서 교실을 들어왔다.

他拿了出来. 그는 가지고 나왔다.

他拿了出来一本书. (×) → 他拿出来(了)一本书. (○) 그는 책을 한권 가지고 나왔다.

Ⅲ. 가능보어

가능보어의 대부분은 결과보어와 방향보어를 기초로 만들 수 있다. 동사와 결과 보어·가능보어 사이에 得을 넣으면 가능보어로 바뀐다. 부정형은 得을 不로 바꾼다.

■ 결과보어

吃完(饭) → 긍정 : 吃得完(饭) → 부정 : 吃不完(饭)

■ 방향보어

走回来 → 긍정 : 走得回来 → 부정 : 走不回来

[문형 5] 가능보어를 수반한 구문

주어 + 동사 + 得/不 + 보어 + 목적어
我 听 得 懂 汉语.
我 听 不 懂 汉语.

【기본형식】

我听不懂汉语.	(부정형)
你听得懂汉语吗?	(일반의문형)
你听得懂听不懂汉语?	(정반의문형)

你听得懂哪种外语? (의문사형)

1. 가능보어는 동작이 아닌 능력·상태를 표현한다. '了 , 过, 着'를 동반하지 않고 문미에 了를 붙여 변화를 표현한다.

以前听不懂汉语, 现在听得懂了. 이전에 중국어를 이해할 수 없었는데 지금은 이해할 수 있다.
爷爷年纪大了, 开不了车了. 할아버지는 나이가 많아서 차를 운전할 수 없다.

2. 가능보어는 가능을 나타내는 조동사 '能, 会, 可以'를 쓸 수 있다. 그러나 가능을 표현하는 조동사는 주체의 능력, 조건으로 행위가 가능한 것을 표현하고, 가능보어는 동작의 결과 도달할 수 있는가를 표현한다.

他吃不惯生鱼片.(먹는데 익숙하지 않음) 그는 생선회를 먹을 수 없다.
他吃不了生鱼片.(양이 많아서 먹을 수 없음)
他吃不起生鱼片.(돈이 없어서 먹을 수 없음)
他吃不完生鱼片.(시간이 부족해서 먹을 수 없음)

3. 가능보어는 긍정형보다 부정형의 사용빈도가 높다. 부정형에서 사용하는 경우가 많다. 긍정형은 통상적으로 가능을 나타내는 조동사를 사용한다.

这星期, 我们学不到第七课. 이번 주에 우리는 7과까지 배울 수 없다.
这星期, 我们学得到第七课. 이번 주에 우리는 7과까지 배울 수 있다.

→ 这星期, 我们能学到第七课.

4. 가능보어는 결과보어처럼 동작의 대상(목적어)을 동사 앞으로 옮길 수 있다.

我吃不完饭. → 我饭吃不完. → 饭, 我吃不完.

5. 가능보어는 기본적으로 결과 달성의 가능성을 표현하므로 물건의 처지로서 의도된 행위을 표현하는 把자문을 사용할 수 없다. 把자문이 가능을 표현할 경우 조동사 '能, 可以'등을 사용한다.

他把汉语学得好. (×)
→ 他能把汉语学好. 그는 중국어를 마스터할 수 있다.
他把作业写不完. (×)
→ 他没能把作业写完. 그는 숙제를 다 할 수 없다.

6. 가능보어가 결과보어·방향보어로부터 만들어진 것과 달리, 가능보어의 형태를 만들지 못하는 것도 있다. 특정의 의미를 표현하는데 쓰이는 관용형이 있다.

他住不起这么高級的饭店. 그는 이렇게 고급 호텔에서 숙박할 수 없다.
那里太危险, 去不得. 그 곳은 너무 위험하니 갈 수 없다.

Ⅳ. 정도보어

정도보어는 '동사 + 得 + 보어'와 '형용사 + 得 + 보어' 등 두 가지 형태로 나뉜다. 전자는 동작의 결과·상태를 후자는 성질·상태의 정도를 표현한다.

[문형 6] 정도보어를 수반하는 동사술어문

주어 + (동사) + 목적어 + 동사 + 得 + 정도보어
他 (说) 汉语 说 得 很好.

【기본형식】

他(说)汉语说得不好.	(부정형)
他(说)汉语说得好吗?	(일반의문형)
他(说)汉语说得好不好?	(정반의문형)
他(说)汉语说得怎么样?	(의문사형)

1. 정도보어 구문은 동사에 구조조사 得를 붙이고 정도보어가 위치한다. 동작의 대상인 목적어가 있으면 동사를 반복한 다음 동사 得과 보어를 붙이는데, 앞의 동사는 생략할 수 있다.

他说汉语说得很好.

→ 他汉语说得很好. 그는 중국어를 잘 한다.

老师教我们教得很认真.

老师我们教得很认真.(×) 선생님은 우리를 열심히 가르치신다.

2. 서술의 초점이 동작이 아니라, 결과나 상태인 경우에 있어서 동작의 대상(목적어)을 주어로 할 수 있다.

汉语(他)说得很好. 중국어를 그는 잘 한다.

房间打扫得非常干净. 방을 매우 깨끗하게 청소했다.

这本小说写得很有意思. 이 소설은 매우 재미있게 썼다.

또한 동작의 대상을 동사 앞으로 옮겨 把자문을 만들 수 있다.

他把房间打扫得很干净. 그는 방을 매우 깨끗하게 청소했다.

我把这件事忘得一干二净. 나는 이 일을 깨끗이 잊었다.

3. 부정문을 만들 경우 '不'를 동사나 형용사 앞에 놓지 않고 보어 앞에 놓는다. 다만 비교를 표현하는 '没 + 비교대상'은 동사 앞에 둘 수 있다.

他汉语说得不好.

他汉语不(/没)说得不好.(×) 그는 중국어를 잘하지 못한다.

他汉语说得没我(这么)好.

→ 他汉语没我说得(这么)好. 그는 중국어를 나만큼 잘하지 못한다.

4. 상태부사는 보통 동사 앞에 오지만 정도보어 앞에 올 수도 있다. 정도부사는 대부분 정도보어 앞에 온다.

他汉语已经说得很好了.
→ 他汉语说得已经很好了. 그는 중국어를 아주 잘한다.
他汉语说得特別好.
他汉语特別说得好.(×) 그는 중국어를 특별히 잘한다.

5. 정도보어는 단어뿐만 아니라, 주술구조도 보어가 될 수 있다.

他这句话说得大家都笑了起来. 그가 이 이야기를 말하자 모두 웃었다.
他汉语说得跟中国人一样好. 그는 중국인처럼 중국어를 잘한다.
这孩子长得既像爸爸, 又像妈妈. 이 아이는 아빠를 닮았을 뿐 아니라 엄마도 닮았다.

6. 정도보어는 동작의 결과나 상태를 표현하는 것 이외에도 형용사 술어문에서 시간이 변해도 변하지 않는 속성을 표현할 수 있다.

我每天睡得很晚. 그는 매일 늦게 잔다.
他跑得很快. 그는 빠르게 달린다.
我每天睡觉很晚. 그는 매일 늦게 잠을 잔다.
他跑步很快. 그는 달리는 것이 빠르다.

[문형 7] 정도보어를 수반한 형용사술어문

주어 + 형용사 + 得 + 정도보어
他 忙 得 没时间吃饭.

【기본형식】

他忙得没时间吃饭. (부정형)
他忙得有时间吃饭吗? (일반의문형)
他忙得有没有时间吃饭? 他忙得有时间吃饭没有? (정반의문형)
他忙得怎么样(了)? (의문사형)

1. 정도보어를 수반한 형용사술어문은 기본적으로 동사술어문과 같지만, 형용사 앞에 동작의 대상(목적어)이 오지 않는다. 또한 형용사술어문은 긴 구조의 정도보어가 올 수 있다.

孩子们高兴得唱起歌来. 아이들은 기뻐서 노래를 부른다.
他难过得流下了眼泪. 그는 슬퍼서 눈물을 흘렸다.
昨天累得我没洗澡就睡觉了. 어제 피곤해서 나는 씻지도 않고 잠을 잤다.

2. 형용사술어문에 쓰이는 정도보어는 형용사의 정도를 표현하는 경우 많이 쓰인다.

外边黑得什么也看不见. 밖은 어두워서 아무것도 안 보인다.
房间里安静得能听见呼吸声. 방안이 조용해서 호흡소리를 들을 수 있다.

这本书难得谁也看不懂.이 책은 어려워서 누구도 이해하지 못한다.

3. 정도보어를 수반한 형용사술어문은 비교표현에도 자주 쓰인다.

今年比往年冷得早一点儿. 오늘은 예년보다 좀 일찍 추워졌다.

汽车慢得跟人走差不多. 자동차가 사람이 걷는 것처럼 느리다.

今天热得像夏天一样. 오늘은 더워서 여름같다.

V. 수량보어

[문형 8] 수량보어를 수반하는 형용사술어문

주어 + 형용사 + 수량보어
智異山 高 1,500米.

형용사술어문의 수량보어는 주로 도량형이나 정도를 표현한다. 특히 비교를 표현하는 구문에 자주 쓰인다. 수량보어는 형용사 뒤에 위치한다.

这个游泳池长25米, 深1米. 이 수영장은 길이가 25m이고 수심이 1m이다.
今天的气温比昨天高两度. 오늘 기온이 어제보다 2도 높다.

[문형 9] 수량보어를 수반하는 有자문

주어 + 有 + 수량보어 + (형용사)
这件行李 有 20公斤(重).

【기본형식】

这件行李没有20公斤(重). (부정형)

这件行李有20公斤(重)吗? (일반의문형)

这件行李有没有20公斤(重)? 这件行李有20公斤(重)没有? (정반의문형)

这件行李有多重? (의문사형)

수량보어를 수반하는 有자 구문에서 有 뒤에 수량보어, 형용사가 위치한다. 부정형은 '没有…, 不' 등을 사용한다.

我的体重有60公斤(重). 나의 체중은 60kg이다.
这条铁路有500公里长. 이 철로는 길이가 500km이다.
这件行李没有20公斤. 이 짐은 20kg가 안된다.
今天的气温不到15度. 오늘 기온은 15도가 안 된다.

[문형 10] 수량보어를 수반하는 동사술어문

주어 +	동사 +	수량보어 +	목적어
我	去过	两次	中国.

【기본형식】

我没去过两次(中国). (부정형)

你去过两次(中国)吗? (일반의문형)

你去过两次(中国)没有? (정반의문형)

你去过几次(中国)? (의문사형)

1. 수량보어를 수반하는 동사술어문은 동작의 횟수나 시간의 양을 표현한다. 수량보어는 동사 뒤, 목적어 앞에 위치하지만, 동작이 지속된 시간을 표시할 경우는 목적어 뒤에 온다.

他看过一次这个电影. 나는 이 영화를 한 번 본적이 있다.
我学了两年汉语. 나는 중국어를 2년 공부했다.
我学汉语两年多了. 나는 중국어를 2년여 공부했다.

2. 수량보어로 자주 사용되는 수량사

- 회수 : 次, 回, 下, 遍, 趟, 场
- 시간 : 小时, 分钟, 天, 星期, 年, 月, 段
- 도구 : 声, 眼, 口, 脚, 拳

3. 수량보어와 목적어 사이에 조사 的을 넣을 수 없지만, 시간의 양을 표시하는 경우는 的을 넣을 수 있다.

我去了两次中国. 나는 중국을 두 번 갔다.
我去了两次的中国. (×)
* 동작의 횟수는 的를 넣을 수 없음

我学了两年汉语.
→ 我学了两年的汉语. 나는 중국어를 2년 공부했다.
* 시간의 양은 的를 넣을 수 있음

4. 목적어가 장소사(지명), 고유명사인 경우 수량보어를 목적어 앞뒤

에 올 수 있다. 다만 목적어가 지시대명사, 인칭대명사인 경우는 수량보어가 목적어 뒤에 온다.

■ 장소사

我去了两次学校.
→ 我去了学校两次. 나는 학교를 두 번 갔다.
* 수량보어는 목적어 앞, 뒤에 올 수 있음

■ 고유명사

我见了一次李老师.
→ 我见了李老师一次. 나는 이선생님을 한 번 만났다.
* 고유명사는 수량보어가 목적어 앞, 뒤에 올 수 있음

■ 장소 지시대명사 또는 지시사

我去过那儿两次.
我去过两次那儿.(×) 나는 그곳을 두 번 간적이 있다.
* 수량보어는 지시대명사 뒤에 놓음

我来过这个餐厅两次.
* 수량보어는 지시대명사를 동반한 장소명사 뒤에 놓음

我来过两次这个餐厅.
* 수량보어가 지시대명사구 앞에 오는 것 불가

→ 我来过两次餐厅. 나는 이 식당을 두 번 온 적이 있다.
* 수량보어는 장소명사 앞에 올 수 있음

■ 인칭대명사

我见过她两次. 나는 그녀를 두 번 만난 적이 있다.

我见过两次她.(×)

→ 我见过两次老师. 나는 선생님을 두 번 만난 적이 있다.

* 수량보어는 인칭대명사 뒤에 일반명사 앞에 올 수 있음

5. '很多次, 一点儿, 一些' 등도 수량보어로 쓰인다.

他去了很多次中国. 나는 중국을 여러 차례 갔다.

小李学过一点儿英语. 샤오리는 영어를 조금 배운 적이 있다.

我在北京住了一些日子. 나는 북경에서 며칠 머물렀다.

Unit 14
동작의 대상이 앞에 오는 구문

동작의 대상이 앞에 오는 구문

중국어는 동작의 대상(목적어)을 동사 뒤에 놓는 것이 기본이지만, 필요한 경우 동작대상을 문두나 동사 앞으로 이동할 때도 있다. 이것을 동작대상 전치문이라 한다.

[문형 1] 동작대상이 문두에 오는 경우

주어 + 동사구
동작대상
这本书 （已经） 出版了.

【기본형식】

这本书还没出版. (부정형)
这本书出版了吗? (일반의문형)
这本书出版没出版? 这本书出版了没有? (정반의문형)
这本书怎么样了? (의문사형)

1. 동작대상을 화제어로 할 때, 동작 대상이 문두에 위치하여 주제어

가 된다. 그 대상은 화자와 청자가 모두 알고 있는 특정된 주제어야 한다.

会议已经开始了. 회의가 시작되었다.
这本书下个月出版. 이 책은 다음 달에 출판된다.

2. 술어는 단독이 아닌 '동사 + 보어', '동사 + 목적어' 또는 '了, 着, 过' 등을 동반한 형태이어야 한다.

晚饭已经做好了. 저녁밥을 다 지었다.
这本书看完了, 那本还没看完. 이 책은 다 보고 저 책은 아직 안 봤다.
花已经浇过水了. 꽃에 이미 물을 뿌렸다.
这件事昨天就通知大家了. 이 일은 어제 모두에게 알렸다.

3. 부정형은 '没有…', '还没'의 형식을 쓴다.

那件衣服没有买. 저 옷은 사지 않았다.
晚饭还没吃. 저녁식사는 아직 안 먹었다.

4. 동사는 수량사나 전치사구를 동반한 '동사 + 보어'의 형식을 할 수 있다.

这本书看了两个星期了, 还没看完. 이 책을 2주 동안 봤는데 아직 다 보지 못했다.
钱包又忘在家里了. 돈지갑을 집에서 잃어버렸다.

[문형 2] 동작대상 + 동작주체 + 동사구

동작대상 + 동작주체 + 동사구
동작대상
这本书，我看完了.

【기본형식】

这本书，我没看完.　　(부정형)
这本书，你看完了吗?　　(일반의문형)
这本书，你看(完)没看完? 这本书，你看完了没有? (정반의문형)
这本书，谁看完了?　　(의문사형)

1. 동작의 대상을 주제어로 하는 경우는 동작의 주체가 그 뒤에 위치하여 실질적으로 문장은 주술술어문의 형식이다.

这本书，我们打算下个月出版. 이 책을 우리는 다음 달 출판할 예정이다.
晚饭，妈妈已经放在桌子上了. 저녁식사를 어머니가 식탁에 차려 놓았다.

2. 동사는 <문형1>과 비슷하지만, 대부분 보어나 동태조사 '了, 着, 过'를 동반한다. 동작 주체의 의지를 표현할 때는 '不'를 사용하고, 기본적인 부정은 '没'를 사용한다.

这个电影, 我看过两次. 이 영화를 나는 두 번 본적이 있다.

晚饭, 妈妈还没做好. 저녁밥을 어머니는 아직 다 하지 않았다.

那件衣服, 我今天不想买了. 저 옷을 나는 오늘 사고 싶지 않다.

3. 동사 뒤에 다시 목적어가 오는데, 대부분 문두에 위치한 명사의 하위부류이다.(전체와 부분의 관계)

晚饭, 一共妈妈做了四个菜. 저녁식사에 어머니는 모두 네 가지 요리를 만들었다.

啤酒, 我喜欢中国的, 葡萄酒, 我喜欢法国的. 맥주는 중국 것을 좋아하고 포도주는 프랑스 것을 좋아한다.

[문형 3] 동작주체 + 동작대상 + 동사구

동작주체 + 동작대상 + 동사구

동작주체　　동작대상

我　　这本书　　看完了

【기본형식】

我这本书没看完.	(부정형)
你这本书看完了吗?	(일반의문형)
你这本书看完没看完? 你这本书看完了没有?	(정반의문형)
你这本书看完多少了?	(의문사형)

1. 동작의 주체가 문두에 오는 경우는 그 뒤에 동작의 대상이 온다. 동작 대상은 대부분 특정되어 있다. 특히 대상과 대조되는 경우가 많다.

我这本书看了, 那本还没看. 나는 이 책은 봤는데 저 책은 아직 보지 못했다.

我日语学过五年, 汉语只学过一年. 나는 일본어를 5년 배웠는데 중국어는 단지 1년 배웠다.

2. 술어는 <문형1>, <문형2>와 같지만 보어 등의 형태를 취한다.

我作业还没做完. 나는 숙제를 아직 다하지 않았다.

他汉语说得很流利. 그는 중국어를 유창하게 한다.

他乒乓球打不好. 그는 탁구를 잘 치지 못한다.

다음 문형은 동작의 주체를 수식할 수 있다.

我的作业还没做完. 내 숙제를 아직 다하지 않았다.

他的汉语说得很流利. 그는 중국어를 유창하게 한다.

他的乒乓球总是打不好. 그는 탁구를 잘 치지 못한다.

[문형 4] 강조·부정의 대상이 동사 앞에 오는 경우

<동작 대상이 문두>
동작대상 + 동작주체 + 동사구
什么衣服 我 都没买.

<동작 주체가 문두>
동작주체 + 동작대상 + 동사구
我 什么衣服 都没买.

1. 강조나 부정을 표현할 경우 그 대상을 의문사 형태로 동사 앞에 올 수 있다. 술어 앞에 부사 '都, 也' 등이 붙어 호응한다.

什么都知道. 무엇이든지 안다.
什么都(/也)不知道. 아무것도 모른다.

2. 수량사 '一…'로 최소치를 표현하여 강하게 부정한다.

一本书也没看过. 한 권도 읽은 적이 없다.
一点儿东西我也不想吃. 조금도 나는 먹고 싶지 않다.
一个学生也没有. 학생이 1명도 없다.

3. 강조·부정의 대상이 동작의 주체 뒤에 올 수 있다.

我什么书也没看过. 나는 어떤 책도 본적이 없다.

我什么都不想吃. 나는 아무것도 먹고 싶지 않다.

我一点儿也不知道. 나는 조금도 모른다.

我哪儿也没去过. 나는 어느 곳도 간적이 없다.

你谁都不认识吗? 너는 누구도 모르니?

▢ 주제와 주어

1. 주제어의 특성

주제어는 그 문장이 진술하는 대상이다. 그 문장이 진술하는 대상을 의미한다는 면에서 주제어는 문장의 주요성분에 대해 공간적, 시간적 혹은 개체적인 틀을 설정한다고도 할 수 있다. 다시 말하면, 주제어는 청자가 이미 알고 있는 한정된 사항이나 어떤 대상의 전체, 즉 총칭적인 실체를 표현한다.

영어에서는 명사 앞에 관사를 써서 한정과 비한정을 나타낸다. 반면에 중국어에서는 '那'가 한정의 뜻을 나타내고, '一'가 비한정의 뜻을 나타내기는 하지만, 한정과 비한정을 구별하기 위해 항상 표시를 해야 하는 것은 아니다. 중국어에서 명사가 한정의 표지를 가지고 있지 않더라도 그것이 주제어로 쓰이면 항상 한정이나 총칭으로 해석되며, '一'나 그 밖의 수사를 가지는 비한정 명사구는 일반적으로 주제어로 쓰이지 않는다.

▽ 이 진술에는 세 가지 유형의 예외가 존재한다.

a. 一个人就够了. 한 사람이면 충분합니다.

'一'은 어떤 특수한 비한정적인 알려지지 않은 실체를 가리키는 것이 아니라 추상적인 양(하나)를 가리킨다.

b. 一条腿断了. 한쪽 다리가 부러졌다.

한쪽 다리는 청자가 이미 알고 있는 어떤 실체의 한 부분을 가리키는 한정적 명사구이다.

c. 一个人吃一口. 한 사람이 한 입씩 먹는다.

'一'은 '각각'의 의미로 해석되는 경우이다.

1) 狗我已经看过了. (한정적/총칭적)개는 내가 이미 본 적이 있다.

2) 那只狗我已经看过了. (한정적)저 개는 내가 이미 본 적이 있다.

*一只狗我已经看过了.

◎ 주제어의 의미론적 특성

주제어는 문장이 진술하는 대상을 나타내는 데 하나의 틀을 설정하며, 한정적이거나 총칭적이어야 한다.

◎ 주제어의 형식상 특징

1) 주제어는 항상 문두에 온다.

2) 주제어 다음에 休止를 두거나 '啊, 嘛, 呢, 吧' 등의 휴지사를 사용하여 문장의 다른 부분과 구분할 수 있다.

那只狗啊, 我已经看过了. 저 개요. 나는 이미 본 적이 있다.
我吧, 从小就爱看小说. 나는요, 어려서부터 소설을 좋아했다.

3) 주어의 생략
(这孩子)连他妈妈也不认识了. 자기 어머니조차도 몰라본다.

2. 주어의 특성

중국어의 문장성분 중에는 그 문장의 동사의 동작이나 존재와 관계를 맺고 있는 명사구가 있다. 이러한 관계는 동사와의 의미론적 조직에 따라서 그 특성이 명확하게 규정될 수 있다. 단문에서는 각각의 동사에 대해 합당한 명사구가 있어야 한다.(시간명사구, 사물명사구, 동물명사구, 추상명사구)

1) 我喜欢吃苹果. 나는 사과를 좋아한다.

3. 이중주어문(주술술어문)

주어와 주제어를 모두 가지는 문장형태를 말한다.

1) 他女朋友多. 그는 여자친구가 많다.
2) 这个女孩眼睛很大. 이 여자아이는 눈이 매우 크다.

1), 2)를 이중주어문이라 한다. 문법연구의 초기의 학자들은 문두의 명사구를 주제어로 생각하지 않고 다음과 같이 두 개의 주어로 분석했기 때문이다.

象	鼻子	长
	주어	술어
주어		술어

그러나 주제어의 개념을 이용하면 이런 문장은 주어와 주제어 사이에 특별한 의미관계가 있는 주제어-진술문임을 알 수 있다. 이때 주제어와 주어의 관계를 부분-전체의 관계라고 부른다. 즉 이중주어문이라고 부른 문장에서 주제어는 주어를 부분으로 가지는 전체가 된다.

4. 시간구와 처소구

주제어는 항상 문두에 오는데 시간구와 처소구도 종종 문두에 온다. 따라서 우리는 이 두 가지 성분들도 주제어로 처리해야 한다고 생각한다. 이는 주제어의 특성을 가지고 있기 때문이다. 즉 그것들은 틀을 설정하여 그 안에 문장의 나머지 부분들을 제시하며 한정적으로 청자가 이미 알고 있는 처소나 시간을 언급하며, 휴지사가 뒤에 올 수도 있다.

1) 昨天雪下得很紧. 어제 눈이 몹시 줄기차게 내렸다.

2) 那年他很紧张. 그 해에 그는 매우 긴장하며 지냈다.

3) 上个月天气非常闷. 지난달에는 날씨가 매우 후덥지근했다.

4) 在首儿可以吃得很好. 서울에서는 정말 잘 먹을 수 있다.

Unit 15

把을 사용하는 구문

把을 사용하는 구문

把자문은 동작대상(목적어)을 동사 앞으로 이동하는 구문이다. 동작 대상 앞에 전치사 把를 사용해 '把 + 목적어'를 주어 뒤에 놓는다.

[문형 1] 처치를 나타내는 把자문

주어 + 把 + **명사** + **동사구**
동작주체 동작대상 동사 + 보어
我 把这本书 看完了.

【기본형식】

我没把这本书看完.	(부정형)
你把这本书看完了吗?	(일반의문형)
你把这本书看完了没有?	(정반의문형)
你把这本书给谁了?	(의문사형)

1. 전치사구 '把 + 명사'로 표현하는 동작 대상은 특정된 구체적인 대상이다. 불특정 대상은 쓸 수 없다.

■ 불특정대상

我把一本书看完了.(×) → 我看完了一本书. 나는 책 한권을 다 봤다.

* 一本书는 불특정 대상

■ 특정대상

我看完了那本书. ↔ 我把那本书看完了. 나는 그 책을 다 봤다.

* 동사술어문과 把구문 모두 사용

2. 특정 대상의 앞에는 '这, 那' 등 지시대명사가 있어야 하지만, '这, 那'가 없어도 화자와 청자가 서로 특정할 수 있는 대상이면 把자문을 사용할 수 있다.

我把钱包丢了. 나는 돈지갑을 잃어버렸다.

他把客人领来了. 그가 손님을 데리고 왔다.

3. '把 + 명사'로 표현하는 대상의 범위가 상당히 넓다. 관형어나 간접목적어인 성분도 처치의 대상으로 취할 수 있다.

我把橘子的皮剥了. → 我把橘子剥了皮. 그는 귤의 껍질을 벗겼다.

* 관형어 橘子를 처치

他把书放到书架上. → 他把书架放满了书. 그는 책을 책장에 가득 넣었다.

* 간접목적어 书架를 처치

4. 把자문의 술어는 '동사 + 부가성분'의 형식을 사용한다. 부가성분으로 보어가 있는 경우가 많으며, '동사 + 了', 동사의 중첩형 등이 있다.

我把那本小说看.(×) → 我把那本小说看完了. 나는 그 소설을 다 봤다.
* 동사와 부가성분이 필수

5. 把자문에서 동사구의 형식은 주로 다음과 같다.

- 동사의 중복형 : 我把这本书好好儿看一看. 나는 이 책을 잘 봤다.
- 了의 동반형 : 小李把钥匙丢了. 샤오리는 열쇠를 잃어버렸다.
- 동사 + 결과보어 : 他把门推开了. 그는 문을 밀어 열었다.
- 동사 + 정도보어 : 他把衣服洗得很干净. 그는 옷을 깨끗이 빨았다.
- 동사 + 전치사구 : 妈妈把饭放到桌子上. 어머니는 밥을 식탁 위에 놓았다.
- 동사 + 수량보어 : 他把衣服又洗了一遍. 그는 옷을 또 한 번 빨았다.

가능보어는 把자문에 쓸 수 없다.

他把这么多作业做不完.(×) → 他做不完这么多作业. 그는 이렇게 많은 숙제를 할 수 없다.

6. 把자문의 부정형은 把 앞에 '没, 不, 別' 등을 붙인다.

我没把那本书看完. 나는 그 책을 다 보지 못했다.
今天不把报告写出来, 明天就来不及了. 오늘 보고서를 쓰지 않으면 내일 시간에 미치지 못한다.

你别把钥匙丢了. 너 열쇠를 잃어버리지 말아라.

7. 把자문은 동작이 대상(사람·사물)에 대하여 도치나 영향을 주어 변화하였음을 설명하고, 동시에 도치.영향의 결과와 방식을 나타낸다. 대상에 변화가 없는 행위에는 사용할 수 없다.

我把中国旅行了一次.(×)

→ 我去中国旅行了一次. 나는 중국을 한 번 여행했다.

我把这个电影很喜欢看.(×)

→ 我很喜欢看这个电影. 나는 이 영화를 매우 좋아한다.

我把他问了一个问题.(×)

→ 我问了他一个问题. 나는 그에게 문제 하나를 질문했다.

8. 희망·가능을 표현하는 조동사는 보통 把자 앞에 온다.

他把房间想收拾一下.(×)

→ 他想把房间收拾一下. 그는 방을 좀 정리하려고 한다.

我今天把这本书能看完.(×)

→ 我今天能把这本书看完. 나는 오늘 이 책을 다 볼 수 있다.

9. 시간사와 부사는 보통 把 앞에 오지만, 일부 부사는 술어 동사 앞에 온다.

我今天把自己的房间打扫了一下. 나는 오늘 내 방을 청소했다.

妈妈已经把饭做好了. 어머니는 밥을 다 지었다.

妈妈把饭已经做好了. 어머니는 밥을 다 지었다.

他把房间很快地打扫干净了. 그는 방을 재빨리 깨끗이 청소했다.

* 동작을 설명하는 부사는 동사 앞에 올 수 있음

10. 장소사가 동작의 장소를 표현할 경우에 把 앞에 오지만, 결과의 장소를 표현할 때는 동사 뒤에 온다.

他在车站把钱包丢了. 그는 터미널에서 열쇠를 잃어버렸다.

* 동작의 장소는 동사 '把+명사' 앞에 위치

他把雨伞忘在车上了. 그는 우산을 차에서 잃어버렸다.

* 동작의 결과는 동사 뒤에 위치

▢ 把자문의 여러 가지 용법

1. 위치의 변경 : 어떤 사람, 사물, 일이 어떤 동작을 통해 새로운 장소로 도달

'把 + 이동 대상 + V在…/V到…'

我把书放在书架上. 나는 책을 책꽂이에 놓았다.
他们把病人送到医院去了. 그들은 환자를 병원으로 보냈다.

2. 사물·정보의 양도 : 어떤 사람, 사물, 일이 어떤 행위를 통해 다른 사람에 귀속

'把 + 授受 대상 + V给…'

我把作业交给老师. 나는 숙제를 선생님께 제출했다.
我把这件事报告给老师. 나는 이 일을 선생님께 보고했다.

3. 사물의 변화 : 어떤 사람, 사물, 일이 어떤 행위를 통해 변화가 발생

'把 + 대상 + V成/做…'

我把儿子培养成医生. 나는 아이를 의사로 길렀다.
人们把她叫做阿姨. 사람들은 그녀를 이모라고 부른다.

Unit 16
수동문

수동문

수동문은 주어가 원치 않거나, 어떤 동작이나 행위의 영향으로 불행한 일을 행위를 당했을 때 결과나 변화를 강조한다.

[문형 1] 동작대상이 주어인 경우

주어 + 被 + 명사 + 동사구			
동작대상	전치사	동작주체	동작+결과
杯子	被	弟弟	打碎了.

【기본형식】

杯子没被弟弟打碎.	(부정형)
杯子被弟弟打碎了吗?	(일반의문형)
杯子被弟弟打碎了没有?	(정반의문형)
杯子被谁打碎了?	(의문사형)

1. 수동문의 주어는 동작을 당하는 대상이고, 동작의 주체는 전치사

被 뒤에 놓인다. '被+실행자'의 뒤에 술어가 되는 동사구는 把자문의 술어와 같이 '동사 + 부가성분'의 형식을 사용한다.

小李骑走了我的自行车.

→ 我的自行车被小李骑走了. 내 자전거를 샤오리가 타고 갔다.

* 동사 + 결과보어

我的钱包被小偷偷.(×)

→ 我的钱包被小偷偷了. 내 돈지갑을 도둑이 훔쳐갔다.

* 동사 + 了

学生被老师批评.(×)

→ 学生被老师批评了一顿. 학생은 선생님에게 한바탕 꾸지람을 들었다.

* 동사 + 수량보어

书被他借.(×)

→ 书被他借走了. 책을 그가 빌려갔다.

* 동사 + 결과보어

2. 조동사나 부사 등은 보통 被자 앞에 온다.

这件事不会被老师知道的. 이 일은 선생님이 모를 것이다.

你要看的书已经被别人借走了. 네가 보려고 하는 책은 다른 사람이 빌려갔다.

3. 동작의 주체 뒤에 给을 붙이지만, 의미가 대부분 변하지 않기 때문에

문법적으로 반드시 필요한 것은 아니다. 또한 동작의 주체가 생략되면 给도 없어진다.

这本书被别人(给)借走了. 이 책을 다른 사람이 빌려갔다.
钱包被小偷(给)偷走了. 돈 지갑을 도둑이 훔쳐갔다.
这本书被给借走了. (×)
→ 这本书被借走了. 이 책을 빌려갔다.

[문형 2] 동작 주체를 생략한 경우

주어 +	被 +	동사구
동작대상	조동사	동작+ 결과
杯子	被	打碎了.

【기본형식】

杯子没被打碎. (부정형)
杯子被打碎了吗? (일반의문형)
杯子被打碎了没有? (정반의문형)
杯子被怎么样了? (의문사형)

1. 被는 주로 동작의 주체를 이끌어 내지만, 동작의 주체가 생략되어 '被 + 동사'의 수동문을 만들 수 있다. 이 때 被는 조동사로 문장 전체의 의미는 변하지 않는다. 수동문의 술어가 '동사 + 전치사구'의 형식이면 동작의 결과를 표현한다.

雨伞被忘在电车上. 우산을 전차에서 잃어버렸다.

他的小说被翻译成汉语. 그의 소설은 중국으로 번역되었다.

2. 동작의 주체가 생략된 수동문은 被를 수반하지 않은 동작대상 전치문과 유사한 의미관계를 표현하는 경우도 있지만, 문장의 느낌은 상당히 다르다. 수동문은 '누구에게 당하다'라는 수동의 의미를 나타내지만, 동작대상 전치문은 그런 의미가 없이 동작의 결과나 상태의 변화 의미만 있다.

- 수동문 : 杯子被弟弟打碎了. 잔을 동생이 깨뜨렸다.
- 수동문 : 杯子被打碎了. 잔을 깨뜨렸다.
- 동작대상 전치문 : 杯子打碎了. 잔을 깨뜨렸다.

[문형 3] 동사구가 목적어를 수반하는 경우

주어	+ 被 + 명사	+ 동사구	+ 목적어
소유자	동작주체	동작	동작대상
我	被 弟弟	打碎了	一个杯子.

【기본형식】

你被弟弟打碎了(一个)杯子吗? (일반의문형)
你被弟弟打碎了(一个)杯子没有? (정반의문형)
你被弟弟打碎了什么? (의문사형)

1. 술어가 목적어를 가질 경우 문장의 주어는 목적어의 소유자이다.

동작대상
我的钱包 被小偷偷走了. 내 지갑을 도둑이 훔쳐갔다.

소유자 목적어
→ 我 被小偷偷走了 钱包. 나는 소매치기에게 지갑을 소매치기 당했다.

주어가 실질적으로 장소에 있는 경우에 술어를 '동사 + 목적어'의 형식으로 한다.

墙被打了一个洞.(○) 벽에 구멍이 뚫렸다.
墙的洞被打了一个.(×)
衣服被驶过的汽车溅上了很多泥.(○) 옷이 지나가는 자동차 때문에 많은 진흙이 튀겼다.
衣服的泥被汽车溅上了.(×)

2. 중국어의 수동문은 술어부분을 연동문 등 복잡한 구조로 할 수 있다.

他被公司派到上海去工作. 그는 회사에 의해서 상해로 파견되었다.
学生被学校要求把头发剪短了. 학생은 학교에서 머리를 자르라고 요구 받았다.

3. 일반적으로 被는 문어에 많이 쓰이고, 叫, 让, 给을 이용한 수동문은 구어에 많이 쓰인다. 수동문의 被는 구어 '叫, 让'로 치환된다. 사용 방법은 같지만 '叫, 让' 뒤의 동작 주체를 생략할 수 없다.

杯子被弟弟打碎了.

→ 杯子被打碎了. 잔을 동생이 깨뜨렸다.

杯子叫弟弟打碎了. 잔을 동생이 깨뜨렸다.

杯子叫打碎了. (×)

4. '叫, 让'은 사역문을 만드는 동사이지만, '叫, 让'을 동반한 수동문이 대부분 사역문과 형태가 같다. 주로 의미에 의해 구별된다. 일반적으로 주어(주체)를 통제나 관여할 수 없는 행위를 표현할 경우 수동문이고, 주어(주체)를 통제 또는 관여할 수 있으면 사역문이다.

学生让老师又解释了一遍.(사역문) 학생은 선생님에게 다시 한 번 해석해 달라고 했다.

学生让老师批评了一顿.(수동문) 학생은 선생님에게 혼났다.

Unit 17
是…的 구문

是…的 구문

是…的 구문은 이미 발생한 동작의 시간·장소·대상·방법·목적이나 화자의 주관적 감정·생각을 강조한다. 이 구문은 평서문의 서술부분을 是와 的 사이에 넣어 명사화하는 방법으로 강조한다. 是 … 的 구문은 형태는 같으나 강조하는 내용에 따라 是…的 구문(1)과 是…的 구문(2)로 나누어 설명한다.

Ⅰ. 是 … 的 구문 (1)

이미 발생한 동작의 수식성분, 즉 시간·장소·대상·방법 등을 강조한다.

[문형 1] 동사 뒤에 的이 오는 경우

주어 + 是 + 설명의 초점 + 동사 + 的 + 목적어
他 是 前年 去 的 中国

【기본형식】

他不是前年去的中国. (부정형)
他是前年去的中国吗? (일반의문형)
他是不是前年去的中国? (정반의문형)
他是什么时候去的中国? (의문사형)

1. 是 … 的는 동작이 이미 과거에 완료·실현된 상태에서 그 행위의 시간·장소·대상·방식·목적 등을 강조하는 구문이다. 초점에 맞추고 싶은 곳을 '是 … 的' 사이에 넣어 강조한다. 실현되지 않은 행위에는 쓰지 않는다. 단순히 과거 일을 서술하는 동사술어문의 의미와는 다르다.

我是昨天买的一本书.(×) 나는 어제 책을 샀다.
* 책을 한 권 사는 단순한 행위에 대한 설명에는 是 … 的를 쓰지 않음

→ 我昨天买了一本书, 是在书店买的. 어제 책을 한 권 샀는데, 서점에서 샀다.
* 단순한 행위의 설명은 동사술어문을 사용하고, 是 … 的를 사용해 행위의 장소를 강조함

我是1980年出生的. 나는 1980년 출생했다.
* 출생년도를 강조

你是什么时候来的? 너는 언제 왔니?
* 시간을 강조

2. 是 앞에는 사람·사물을 가리키는 명사가 오며, 是와 的 사이의 명사구(설명의 초점)는 일반적인 행위의 성립과 관련된 시간·장소·동작의 주체·동작의 대상·원인·방법 등을 강조한다. 목적어가 인칭대명사인 경우 的의 앞에 놓이지만, 명사 목적어는 的의 앞, 뒤에 올 수 있으며 의미상 변화는 없다.

- 동작 시간 : 我是上星期买的这本书. 나는 지난주에 이 책을 샀다.
- 동작 장소 : 我是在书店买的这本书. 나는 서점에서 이 책을 샀다.
- 동자 주체 : 这本书是小李买的. 이 책은 샤오리가 샀다.
- 동작 대상 : 我是买的这本书. 나는 이 책을 샀다.
- 원인 : 他是因为肺炎住的院. 그는 폐렴 때문에 병원에 입원했다.
- 방법 : 他是坐飞机去的首尔. 그는 비행기를 타고 서울에 갔다.
- 목적 : 我是来学汉语的. 나는 중국어를 배우러 왔다

3. 是 … 的 구문은 동작의 주체뿐 아니라, 동작의 대상(목적어)도 주어가 될 수 있다.

我是在书店买的这本书. 나는 서점에서 이 책을 샀다.
→ 这本书是在书店买的.
他是在学校食堂吃的午饭. 그는 학교식당에서 점심을 먹었다.
→ 午饭是在学校食堂吃的.

4. 是를 생략하는 경우도 있지만, 부정이나 확인을 표현할 때는 생략할 수 없다.

他(是)昨天打的电话. 그는 어제 전화를 했다.

→ 他不是昨天打的电话.

→ 他不是昨天打的电话, 是今天打的.

5. 초점이 동작의 주체일 경우는 是를 주체 앞(문두)에 올 수 있다.

是他昨天打的电话. 그는 어제 전화를 했다.

설명의 초점이 되는 주체를 술어부분에 놓을 수 있다. 의미는 변하지 않지만 문장의 구조는 변한다.

昨天是他打的电话.

昨天打电话的是他.

6. 동작의 대상(목적어)을 설명의 초점으로 하는 경우 '是 … 的'와 명사술어문의 형식으로 만들 수 있다. 의미는 기본적으로 같다.

你今天是买的什么? 너는 오늘 무엇을 샀니?

你今天买的是什么? 네가 오늘 산 것이 무엇이니?

[문형 2] 문미에 的이 오는 경우

주어 + 是 + 설명의 초점 + 동사 + 목적어 + 的

他 是 在机场 见到 哲敏 的.

1. '是 … 的'의 的는 대부분의 경우 술어 뒤에 오지만, 술어동사나 목적어가 복합구조(동보구조, 주술구조 등)로 되어 있는 경우, 的를 문미에 놓아도 된다.

他是在北京买的这本词典. 그는 북경에서 이 사전을 샀다. (단독 동사)
他是在北京买到这本词典的. 그는 북경에서 이 사전을 샀다. (술어가 동보구조)
我是昨天听说老师住院的. 나는 어제 선생님이 입원한 것을 들었다. (목적어가 주술구조)
我是在北京看见那两个人一起在买东西的. 나는 그 두 사람이 북경에서 물건사고 있는 것을 봤다. (동보구조 + 주술구조의 목적어)

2. '是 … 的'는 주로 과거의 행위를 설명하지만, 현재나 미래의 행위에 대해서는 是를 써서 표현할 수 있다. 是만 있는 경우 시간·장소·동작주체·동작대상·방법·목적 등을 설명의 초점으로 제시할 수 있다. 이때 是는 생략할 수 있다.

- 동작 시간 : 我(是)明天买的这本书. 나는 내일 책을 사러 간다.
- 동작 장소 : 我(是)在书店买书. 나는 서점에서 책을 산다.
- 동작 주체 : 这本书(是)小李要买. 이 책은 샤오리가 사려고 한다.
- 동작 대상 : 我(是)想买这本书, 不是那本书. 나는 이 책을 사고 싶지 저 책이 아니다.
- 목적 : 他(是)为了学汉语去中国. 그는 중국어를 배우기 위해 중국에 간다.
- 방법 : 他(是)打算坐火车去首儿. 그는 기차를 타고 서울에 갈 생각이다.

Ⅱ. 是 … 的 구문(2)

화자의 주관적인 감정 및 견해·판단·입장을 단정하는 구문이다. 是는 주어 뒤에 오고 的는 반드시 문미에 온다는 점에서 '是 … 的'구문(1)과 다르다.

[문형 1] 是 … 的 (2)의 경우

주어 + 是 + 술어 + 的
问题 是 一定会解决 的.

1. 주어에 대한 생각·추측·판단·권유·태도 등으로 화자의 주관적인 판단·근거를 기초로 표현한다. 말하는 사람의 내용이 사실이고, 보편성이 있는 주장이 강하다.

只要努力, 外语是可以学好的. 노력을 하면 외국어를 잘할 수 있다.
* 보편적 논리

这个问题, 我们也是很注意的. 그 문제에 관해 우리도 관심을 가지고 있다.
* 화자의 생각

这件事, 他肯定是知道的. 이 일을 그는 확실히 알고 있다.
* 사실에 기초한 판단

이 유형은 是 … 的(1)의 형태와 유사하지만, '是 … 的(2)'의 형식을 제거해도 문법적으로 전혀 문제가 없다.

只要努力, 外语可以学好. 노력을 하면 외국어를 잘할 수 있다.
这个问题, 我们也很注意. 그 문제에 관해 우리도 관심을 가지고 있다.
这件事, 他肯定知道. 이 일을 그는 확실히 알고 있다.

2. '是 … 的'(2)의 부정형은 是 … 的(1)과 달리 '不是 … 的'의 형식이 아니라, 술어의 형식에 따라 다르다. 또한 강조를 표현할 경우는 '不是不…的'의 이중부정의 형식을 쓸 수 있다.

他是不会知道这件事的. 그는 이 일을 알 수 없다.
他的看法是不妥当的. 그의 생각은 부적절하다.
问题不是不能解决的. 문제는 해결할 수 없는 것이 아니다.
我们不是完全不知道的. 우리가 완전히 모르는 것이 아니다.

3. '是 … 的'는 화자의 다짐이나 상대방의 요구를 표현할 때는 생략할 수 있다.

这个会, 我(是)一定要参加的. 이 회의를 나는 반드시 참가해야 한다.
你明天一定要来的. 너는 내일 반드시 와야 한다.

4. 会는 자주 的과 같이 쓰여 추측을 표현하며 是는 대부분 생략된다.

明天(是)不会下雨的. 내일은 비가 내리지 않을 것이다.
他一定会来的. 그는 꼭 올 것이다.

Unit 18
비교문

비교문

전치사 比는 비교의 대상을 이끌어 내는데 사용하며, 같은 명사이거나 대명사가 전치사 구를 구성한다. 문장 중에서는 부사어를 만들고 사물의 성질 정도의 차이를 설명한다.

[문형 1] A 比 B…

주어(비교 주체) + 比 + 비교 대상 + 술어(형용사) + (구체적인 차이)
他的汉语 比 我(的汉语) 好.

【기본형식】

他的汉语不比我好.	(부정형)
他的汉语比你好吗?	(일반의문형)
他的汉语比你好不好?	(정반의문형)
他的汉语比谁好?	(의문사형)

1. 주어 A를 B와 비교해서 어느 정도 차이가 있는지를 표현한다. 비교 대상인 B를 기준으로 그보다 얼마나 차이가 나는지를 표현한

다. 술어 앞에 '很·非常·有点儿' 등 주관적 정도를 나타내는 정도부사를 쓸 수 없다. 비교의 정도가 크다면 형용사술어 앞에는 '更·还'이나, 형용사술어 뒤에는 '得多·一点儿·一些·两度' 등 정도보어, 수량보어, 도량형 양사 등을 쓸 수 있다.

■ A + 比 + B + (更/还/都/再) + 술어
더욱, 더, 훨씬의 의미를 나타낼 때 술어 앞에 更, 还, 都, 再 등을 쓴다.

他的汉语比我很(非常/有点儿)好.(×)
→ 他的汉语比我更(/还)好. 그는 중국어를 나보다 훨씬 잘한다.
他的房间比我的非常小.(×)
→ 他的房间比我的小得多. 그의 방은 내 방보다 많이 작다.

■ A + 比 + B + 술어 + 得多/多了/一点儿/一些
A는 B보다 훨씬~하다고 말할 경우 得多나 多了 등을 붙여 조금 변화된 정도를 나타낸다.

他的汉语比我好极了.(×)
他的汉语比我好得很.(×)
→ 他的汉语比我好一点儿(/得多). 그는 중국어를 나보다 조금 잘한다.
他的房间比我的大得多. 그의 방은 내 방보다 훨씬 크다.
→ 他的房间比我的大多了. 그의 방은 내 방보다 훨씬 크다.

■ A + 比 + B + 술어 + 수량사
비교해서 얻은 구체적인 결과는 술어 뒤에 쓴다.

今天的气温比昨天两度低.(×)

→ 今天的气温比昨天低两度. 오늘 기온이 어제보다 2도 낮다.
他的房间比我的大五平方米. 그의 방은 내 방보다 5평방미터 크다.

■ A + 比 + B + 술어 + 수량보어

구체적인 비교를 나타낼 때 동사 앞에 早, 晚, 多, 少 등의 부사를 붙이고, 동사 뒤에는 수량보어를 쓴다.

我比他早来了三十分钟. 나는 그보다 30분 더 일찍 왔다.
他们班比我们班多学了三课. 그들반은 우리 반보다 세 과를 더 배웠다.

2. 'A 比 B…'구문에서 비교하는 부분을 중복하는 경우, B 뒤의 的와 중심어가 의미상 필요 없으면 함께 생략할 수 있다.

他的汉语比我的汉语好.
→ 他的汉语比我好. 그는 나보다 중국어를 잘한다.
他的歌比我的歌唱得好.
→ 他的歌比我唱得好.
→ 他的歌唱得比我好. 그는 나보다 노래를 잘한다.

그러나 의미상 구별이 필요한 경우는 的을 사용하고, 'A가 B보다 얼마(수치)…하다'는 구체적 수치(수량사)를 비교한다.

他的孩子比我的(孩子)大一岁. 그의 아이는 내 아이보다 한 살 많다.
他的孩子比我大一岁. 그의 아이는 나보다 한 살 많다.

3. 'A 比 B + 술어(형용사/동사)'구문의 술어는 형용사를 많이 쓰지만 동사(심리동사, 조동사)도 사용된다. 'A가 B보다…하다'가 된다.

他比我更了解情况. 그는 나보다 상황을 훨씬 잘 이해한다.
他比我更想去中国. 그는 나보다 더욱 중국에 가고 싶어한다.
他比我会说话. 그는 나보다 이야기를 잘한다.
他比我晚来两天. 그는 나보다 이틀 늦게 왔다.
今年的出口比去年减少了10%. 올해는 작년보다 수출이 10% 감소했다.

술어는 '동사 + 得 + 보어'의 형식을 많이 사용하여 'A가 B보다 더…하다'가 된다. 이 경우 동사는 약하게 읽고 형용사인 보어가 의미의 중심이 된다.

他比我来得晚. ↔ 他来得比我晚. 그는 나보다 늦게 왔다.
他比我唱得好听多了. 그는 나보다 노래를 더 잘 부른다.
这本书比那本书写得更有意思. 이 책은 저 책보다 훨씬 재미있다.
学生比老师知道得更多. 학생이 선생보다 아는 것이 훨씬 많다.

4. 'A 比 B…'구문의 부정형은 'A 不比 B…'형식을 사용하여 'A가 B보다…하지 않다'가 된다. 주로 상대방의 의견·주장에 대하여 부정이나 반론을 표현한다.

我的汉语不比他差. 나의 중국어는 그보다 나쁘지 않다.
她做的菜不比餐厅差. 그녀가 만든 요리는 식당보다 나쁘지 않다.

5. 'B보다 A가 어떻다'라는 형식의 비교는 '比 B, A…'의 형식으로 바꿀 수 없다. '跟 B 比(起来)[/相比], A …'의 형식을 사용한다.

比英语, 汉语更难.(×)
→ 跟英语比(起来), 汉语更难. 영어보다 중국어가 더 어렵다.

比他的汉语，我还差得远.(×)

→ 跟他的汉语相比，我还差得远. 그의 중국어와 비교하면 나는 아직 멀었다.

比上海的夏天，北京不算热.(×)

→ 跟上海的夏天比起来，北京不算热. 상해의 여름과 비교하면 북경은 더운 것이 아니다.

[문형 2] 주술술어문 'A 比 B…'

주어 + 比 + 비교 대상 + 술어(小주어 + 小술어)
대주어　비교 대상　소주어 + 소술어
他　比　我　汉语好.

1. 'A 比 B…'의 술어부분을 '주어 + 형용사'구조로 하여 주술술어문의 형식으로 할 수 있다. 또한 술어부분은 '동사 + 得 + 형용사'형식으로 할 수 있다.

他比我汉语好一点儿. 그는 나보다 중국어를 조금 잘한다.
今天比昨天气温低两度. 오늘은 어제보다 기온이 2도 낮다.
她比我做菜好吃. 그녀는 나보다 요리를 더 맛있게 만든다.
她比我汉语说得好. 그녀는 나보다 중국어를 잘한다.

2. 이 문형의 기본형은 <문형1>과 같지만, 부정형은 'A 不比 B + 주술구조'으로 만들 수 없다.

我不比他汉语差.(×)

→ 我的汉语不比他差. 나의 중국어는 그보다 나쁘지 않다.

她不比餐厅做菜差.(×)

→ 她做的菜不比餐厅差. 그녀가 만든 요리는 식당보다 나쁘지 않다.

[문형 3] 'A 没有 B…'

주어 + 没(有) + 비교 대상 + 술어(형용사)
他的汉语　没(有)　我　好.

【기본형식】

他的汉语没有你好吗?	(일반의문형)
他的汉语有没有你好?	(정반의문형)

1. 'A 没有 B…'의 형식은 'A는 B만큼 … 하지 않다'는 의미를 표현한다. 'A 不比 B…'는 주로 상대방에게 반론을 제기할 때 사용한다. 형용사 앞에 '这么·那么'를 넣을 수 있다.

他的汉语没有我这么好. 그는 중국어를 나만큼 잘하지 못한다.

美国的人口没有中国那么多. 미국은 인구가 중국만큼 많지 않다.

2. 비슷한 구문으로 'A 不如 B…'의 형식도 자주 사용한다. 'A는 B만큼…하지 않다'는 부정적인 비교이지만, 'A 没有 B…'의 형식은 부정이나 긍정 비교에 모두 사용된다.

他说的汉语不如我好. 그는 중국어를 나만큼 잘하지 못한다.
你的体力还不如我(呢). 너는 체력이 아직 나만큼 못하다.
上海没有北京那么冷. 상해는 북경만큼 춥지 않다.
我的体力没有你那么好. 나는 체력이 너만큼 좋지 않다.

3. 극단적인 예를 표현할 경우, '没有比 B 更…了'의 형식을 자주 사용한다.

这个班里, 没有比他汉语说得更好的人了. 이 반에 그보다 중국어를 훨씬 잘하는 사람이 없다.
夏天, 没有比南京更热的地方了. 여름에 남경보다 더 더운 곳은 없다.

[문형 4] 'A 跟 B 一样…'

주어 + 跟 + 비교 대상 + 一样 + (형용사)
他的汉语 跟 我 一样 (好).

【기본형식】

他的汉语跟我不一样. (부정형)
他的汉语跟你一样(好)吗? (일반의문형)
他的汉语跟你一样不一样? (정반의문형)
他的汉语跟谁一样(好)? (의문사형)

1. 'A 跟 B 一样(+술어)'는 'A가 B와 똑같다'는 의미를 표현한다. 'A跟 B 一样 + 형용사'의 형식을 사용한다.

今天的气温跟昨天一样(冷). 오늘 기온은 어제와 똑같다.(똑같이 춥다)
他汉语说得跟老师一样(好). 그는 중국어가 선생님과 똑같다.(똑같이 잘한다)

2. 이 문형의 부정형은 'A跟B 不一样(+술어)'의 형식으로 부정해야지 'A不跟B 一样'으로 할 수 없다.

我的衣服跟你的不一样. 내 옷은 네 옷과 다르다.
他的汉语跟我不一样. 그의 중국어는 나와 다르다.
他的汉语不跟我一样(好).(×) 그의 중국어는 나와 다르다.
→ 他的汉语没有我好. 그는 중국어를 나보다 잘하지 않는다.
→ 他的汉语跟我一样不好. 그는 중국어를 나처럼 못한다.

[문형 5] 'A 有 B…'

주어 + 有 + 비교 대상 + 술어(형용사)
他的汉语 有 你 (这么/那么) 好吗?

【기본형식】

他的汉语没(有)我好. (부정형)

他的汉语有你(这么)好吗?　　　　　　(일반의문형)
他的汉语有没有你好?　　　　　　(정반의문형)

B를 기준으로 A가 그 정도에 도달하기를 희망하는 의미를 표현하는 문형으로 의문문에 자주 사용된다. 형용사 앞에 这么·那么 등을 넣기도 한다.

今天有昨天那么热吗? 오늘은 어제만큼 덥니?
你的汉语有他这么好吗? 너는 중국어를 그만큼 잘하니?
我的儿子长得都有我这么高了. 내 아들은 나만큼 키가 크다.
那个孩子有他爸爸那么高. 그 아이는 그의 아버지만큼 키가 크다.

Unit 19

존현문

존현문

존현문은 사람이나 사물이 어떤 지점에 존재하거나, 또는 출현, 소실하였음을 나타내는 문장이다. 어느 장소나 시간에 어떤 대상이 존재하거나 출현, 소실하는 현상을 표현한다. 동사 앞에 장소나 시간을 나타내는 단어가 오며 존재, 출현, 소실의 주체는 동사 뒤에 위치한다.

[문형 1] 존재문

주어 + 동사 + 수량사 + 명사구
주어 존재 형태 수량 존재물
教室里 坐着 五个 学生.

【기본형식】

教室里没坐着学生. (부정형)
教室里坐着学生吗? (일반의문형)
教室里坐没坐着学生? 教室里坐着学生没有? (정반의문형)
教室里坐着什么人? (의문사형)

1. 존재문은 有자 구문과 유사한 구문이지만, 有자 대신에 다른 동사를 사용하는 구조이다. 다른 동사를 사용하여 어떤 장소에 존재하고 있는 것을 보다 구체적으로 표현할 수 있다.

■ 有자문 : 주어 + 有 + 목적어

教室里有五个学生. 교실에 학생 5명이 있다.

■ 존재문 : 주어 + 동사 着 + 목적어

教室里坐着五个学生. 교실에 학생 5명이 앉아 있다.

2. 有자 구문과 똑같이 문두에 장소사가 오지만, 그 앞에 在, 从 등의 전치사는 쓸 수 없다. 또한 동사 뒤의 명사구(목적어)는 불특정 대상을 표시하며 수량사가 필요하다.

在教室里坐着学生.(×)

→ 教室里坐着几个学生. 교실에 학생 몇 명이 앉아 있다.

从前边来了一个人.(×)

→ 前边来了一个人. 앞에서 한 사람이 온다.

3. 동사 뒤에 명사구로서 동작의 주체나 대상 어느 것이나 올 수 있다. 주체의 경우 동작의 지속을 표현하고, 대상인 경우는 동작에 따른 결과나 상태의 지속을 표현한다.

■ 동작의 주체

商店的外面站着很多人. 상점 밖에 많은 사람이 서 있다.

对面的房间住着一个外国人. 맞은편 방에 외국인이 살고 있다.

路上走着两个年轻人. 길에 젊은 사람 둘이 걸어가고 있다.

■ 동작의 대상

墙上挂着一张画儿. 벽에 그림이 한 장 걸려있다.
院子里种着很多花. 정원에 많은 꽃이 심어져 있다.
手里拿着一个照相机. 손에 사진기를 가지고 있다.

4. 존재문에서 동사는 대개 단독으로 쓰이지 않고 동태조사 着을 동반한다. 着대신에 了가 오는 경우도 있지만, 대개 의미가 달라진다.

教室里坐着很多学生. 교실에 많은 학생이 앉아있다.
→ 教室里坐了很多学生. 교실에 많은 학생이 앉았다.
外边下着大雨. 밖에 큰 비가 내리고 있다.
→ 外边下了大雨. 밖에 큰 비가 내렸다.
桌子上放着一本书. 책상위에 책이 한 권 놓여있다.
→ 桌子上放了一本书. 책상위에 책이 한 권 놓았다.
天上飞着一架飞机. 하늘에 비행기가 날고 있다.
天上飞了一架飞机.(×)
* 飞了는 소실의 의미를 표현함

5. 존재문의 부정형은 '没 + 동사 + (着)'이지만, 有자문은 대부분 '没有…'로 부정해도 된다.

教室里没坐着学生.
→ 教室里没有学生. 교실에 학생이 없다.

桌子上没放着书.

→ 桌子上没有书. 책상 위에 책이 없다.

6. 존재문에서 장소, 공간의 용도를 표현할 경우 '着, 了'이 없어도 된다. 대부분 두 가지를 대조할 때 사용된다.

大房间住两个人, 小房间住一个人. 큰 방은 두 사람이 거주하고, 작은 방은 한 사람이 거주한다.

这个书架放50本书, 那个放100本. 이 책장에 50권을 넣었고 저기는 100권을 넣었다.

7. 동사가 '동사 + 보어 + 了'의 형식일 때, 명사구 앞에 수량사를 동반하지 않는 경우도 있다.

院子里种上了(一些)花. 정원에 꽃을 심었다.

房间里堆满了箱子. 방에 상자가 가득 쌓였다.

8. 동사를 쓰지 않고 주어(장소사)와 명사구(존재물)로만 문장을 만들 수 있다. 이때는 수량사가 필요하며 경치를 묘사하는 문장에 자주 쓰인다.

地上一层积雪. 땅에 눈이 쌓였다.

天上一片白云. 하늘에 흰 구름이 떠있다.

[문형 2] 출현·소실

주어 + 동사 + 了 + 수량사 + 명사구

· 출현

班里　来　了　五个　新同学.

· 소실

班里　转走　了　五个　新同学.

【기본형식】

班里没来新同学.　(부정형)

班里来新同学了吗?　(일반의문형)

班里来没来新同学? 班里来新同学(了)没有?　(정반의문형)

班里来了什么人?　(의문사형)

1. 존재문과 구조는 같지만, 출현이나 소실을 나타내는 동사를 사용한다. 동사 뒤의 명사구(목적어)는 동작의 주체와 대상이고, 장소사 앞에 전치사 在를 붙이지 않는다. 목적어인 존재물은 불특정 대상이다. 확정적인 목적어는 쓸 수 없다.

学校来了一位新老师. 학교에 새로 선생님이 왔다.

墙上挖了一个洞. 벽에 구멍을 하나 뚫었다.

学校来了王老师.(×)

→ 王老师来学校了. 왕선생님이 학교에 왔다.

那儿站着那个人.(×)

→ 那儿站着一个人. 저쪽에 한 명 서 있다.

2. 동사는 보어를 동반하며 명사구 앞에 수량사를 붙인다.

院子里跑进来一只猫. 정원에 고양이 한 마리가 뛰어 들어왔다.
监狱逃走了两个犯人. 감옥에서 범인 두 사람이 달아났다.

3. 주어(장소사)는 이동의 시점과 종점, 어느 쪽도 상관없다. 시점의 경우 앞에 전치사 从를 붙일 수 있다.

(从)窗外飞进一只鸟. 창밖에서 새 한 마리가 날아들었다.
(从)旁边的房间传来一阵笑声. 옆방에서 웃음소리가 들려왔다.
商店里进来很多顾客. 상점에 많은 고객이 들어왔다.
家里来了两个朋友. 집에 친구 두 명이 왔다.

4. 이 문형은 의도하지 않은 상황이 발생했을 때 표현한다.

地上长出很多草. 땅에 풀이 많이 자랐다.
袜子破了一个洞. 양말에 구멍이 났다.
身上出了很多汗. 몸에 많은 땀이 난다.

5. 장소사 앞에 시간사가 올 수 있다.

今天, 学校来了一位新老师. 오늘 학교에 새로운 선생님이 왔다
上个月, 这裡发生了一次地震. 지난 달 여기에서 지진이 발생했다.

시간사는 주어가 될 수도 있다.

去年发生了几件大事. 작년에 큰 사건이 몇 건 일어났다.
最近出了很多交通事故. 최근 교통사고가 많이 났다.
那一年发生了第二次世界大战. 그해 2차 세계대전이 일어났다.

자연현상도 똑같다.

上午下了一场雨.오전에 비가 한 차례 내렸다.
昨天刮了台风. 어제 태풍이 불었다.
去年(群山)下了两场雪. 작년에 눈이 두 차례 내렸다.
停风了.(×)
→ 风停了. 바람이 멈췄다.
停雪了.(×)
→ 雪停了. 눈이 그쳤다.

6. 주어와 명사구(목적어)는 전체와 부분의 관계이다. 전체에서 일부에 무슨 일이 발생할 경우 표현할 수 있다.

一家五口病倒了三个人. 다섯 식구에서 세 사람이 아팠다.
30个学生迟到了10个. 30명의 학생에서 10명이 지각했다.

[문형 3] 상태의 체험에 의한 존현문

주어 + 동사 + 了 + 수량사 + 명사구
老李　生　了　一个　儿子.

【기본형식】

老李没生儿子.	(부정형)
老李生儿子了吗?	(일반의문형)
老李生没生儿子? 老李生(了)儿子没有?	(정반의문형)
老李怎么了?	(의문사형)

1. 문두에 장소사 대신에 사람을 표시하는 명사구가 온다. 이 경우 사람은 동작의 주체가 아니고, 상태가 발생한 당사자나 체험자를 표현한다.

他伤了一条腿. 그는 다리를 다쳤다.
老李最近生了一个儿子. 이선생님은 최근에 아이 한 명을 낳았다.
哲敏七岁死了父亲. 철민이는 7살에 아버지가 돌아가셨다.

Unit 20
복문

복문

복문은 두 개 또는 두 개 이상의 의미관계가 밀접한 단문으로 구성된 문장이다. 복문안의 단문은 절이라고 한다.

1. 병렬표현

각 절은 몇 가지 상황이나 사물을 설명하거나 묘사한다. 이러한 복문은 절과 절 사이에 일반적으로 관련성분(접속사나 관련기능을 일으키는 부사)을 갖지 않을 수 있다. '一边…一边…', '又…又…', '也…也…', '一面…一面…', 以及'(한편으로 ~, 한편으로 ~) 등을 사용한다.

他会说英语, 也会说汉语. 그는 영어를 할 수 있고 중국어도 할 수 있다.
他年轻时一边工作一边学习. 그는 젊었을 때 일하면서 공부했다.

앞뒤 문장의 주어는 서로 같거나 제각기 달라도 관계없다. 또한 문두에 복문 전체의 주어를 붙여도 된다.

东西又好, 价钱又便宜. 물건이 좋고 가격도 저렴하다.
他身体好, 学习也很好. 그는 건강하고 공부도 잘한다.

2. 점층

점층관계는 뒤 절이 앞의 절에서 서술한 것보다 한층 더 의미가 심해지는 것을 말한다. 앞의 절은 不但, 不仅, 不只, 不光(~뿐 아니라) 뒤 절은 而且, 也, 还, 甚至(또한, 심지어) 등이 놓인다. 만일 두 개의 절의 주어가 같으면 주어는 일반적으로 첫 번째 절에 오며 不但은 주어 뒤에 놓인다. 만일 두 개의 절의 주어가 다르면 不但과 而且는 일반적으로 구별되어 두 개 절의 주어 앞에 놓인다.

他不但会说英语, 而且也会说汉语.그는 영어를 말할 수 있을 뿐 아니라, 중국어도 할 수 있다.
这裡不但很冷, 而且经常下雪. 여기는 추울 뿐 아니라, 자주 눈이 내린다.
他不仅唱歌好, 跳舞也不错. 그는 노래를 잘할 뿐 아니라, 춤도 잘 춘다.
我们除了上课以外, 还参加了各种活动. 우리는 수업 외에도 각종 활동에 참여한다.

3. 선택

몇 개의 절에서 몇 가지 상황을 설명하고 있지만, 그 가운데 임의로 하나의 상황을 선택할 수 있는 복문을 말한다. 或, 或者, '是…还是', '要么…, 要么…', '不是…就是…'는 선택을 나타낸다. 둘 또는 둘 이상의 사물 가운데 임의로 하나를 선택하는 것을 설명한다. 이 접속사는 모두 구조가 같거나 비슷한 단어 또는 구를 연결할 수 있다. 或者는 평서문에 쓰이고, 还是는 의문문에 주로 사용된다. 또한 '宁可…, 也不(决不)…'(~할지언정~하는 것이 낫다)는 선택을 표현한다.

这个星期去或者下个星期去. 이번 주에 가니 아니면 다음 주에 가니?
要么你去, 要么他去, 你们两个人里得有一个人去. 네가 가든 그가 가든 너희 둘 중에 한 사람이 가야한다.
他星期天不是看书就是看电视, 很少出门. 그는 일요일에 책 보는 것 아니면 TV를 본다, 밖에 나가는 것이 드물다.
是你去, 还是他去. 네가 가니 아니면 그가 가니?
路上这么挤, 与其开车还不如坐电车快呢. 길이 이렇게 붐비니 운전보다 전차 타고 가는 것이 빠르다.
宁可结不了婚. 也不跟他结婚 설사 결혼을 못할지라도 그와 결혼 안 한다.

4. 인과

주절은 원인을 나타내고 종속절은 결과를 나타낸다. '因为…, 所以…'(~ 때문에, 그래서), 因此(그래서), 因而(그래서), 既然(~한 이상), 由于(~ 때문에) 등을 사용한다.

我(因为)感冒了, 所以没上班. 나는 감기 때문에 출근하지 못했다.
由于下雨, (所以)不能进行比赛. 비 때문에 경기를 할 수 없다.
既然你知道, 就应该告诉大家. 네가 알고 있는 이상 모두에게 알려야 한다.

또한 원인 부분이 종속절로 이동하여 是자문으로 표현할 수 있다.

我今天没上班是因为感冒了. 내가 오늘 출근하지 못 한 것은 감기 때문이다.
不能比赛是由于下雨. 경기를 할 수 없는 것은 비 때문이다.

5. 목적

앞 절은 어떤 목적을 나타내고 뒤 절은 이 목적을 달성하기 위해 취한 행동을 나타낸다.

为了留学, 他每天都在学习英语. 유학을 가기위해 그는 매일 영어를 공부하고 있다.
为了去机场, 早上5点就起床了. 공항에 가기 위해 아침 5시에 일어났다.

또한 목적 부분이 종속절로 이동하여 是자문으로 표현할 수 있다.

他买词典是为了学习英语. 그가 사전을 산 것은 영어를 공부하기 위해서이다.
早上5点起床是为了去机场. 아침 5시에 일어난 것은 공항에 가기 위해서이다.

앞 절이 행위를 나타내고 뒤 절은 '以便(~하도록), 省得(~하지 않도록), 以免(~하지 않도록), 免得(~하지 않도록)'을 넣어 목적을 표시할 수 있다.

他买了一本词典, 以便学习英语. 그가 사전을 산 것은 편하게 영어를 공부하는 것이다.

他买了一本杂志, 好在车上看. 그가 잡지를 산 것은 마침 차에서 보려는 것이다.

出门带了一把伞, 以防路上下雨. 우산을 가지고 외출한 것은 도중에 비 내리는 것을 대비하려는 것이다.

6. 역접

앞 절이 한 가지 사실이나 하나의 의미를 설명하면 뒷 절은 반대로 앞 절의 상황과 상반된 방면으로 가는데 이러한 복문을 전환관계, 역접관계라고 한다. 于是(그래서), 然後(그런 후에), 然而(그러나), 那么(그러면), 接着(이어서) 등을 사용한다.

这件衣服便宜, 可是质量不好. 이 옷은 저렴하지만, 품질이 떨어진다.

他尽管有病, 还是去上班了. 그는 아파도 출근한다.

这个房间(虽然)不错, 就是房租有点儿贵. 이 방은 괜찮지만, 집세가 좀 비싸다.

7. 가정

앞 절은 가정을 나타내고 뒤 절은 결과를 나타내는 문장이다. 若如, 如, 如果, 若, 如若, 若是, 要是, 倘, 倘如, 倘使, 倘若(만약) 등을 사용한다.

(如果)有时间, 我想去旅行. 시간이 있으면 나는 여행을 가려고 한다.

他如果还活着, 现在已经50多岁了. 그가 아직 살아 있으면 50살 정도 된다.

要是不舒服, 你最好去医院看看. 불편하면 병원에서 진찰 받는 것이 가장 좋다.

你(要是)早来半个小时就能见到他了. 30분 일찍 왔더라면 그를 만날 수 있었다.

8. 조건

뒤 절은 결과를 나타내고 앞 절은 조건을 나타내는 관계이다. 只要(~하기만 하면), 只有(오직~해야만), 不管(~을 막론하고), 无论(~을 막론하고) 등을 사용한다.

只要你不说就没有人知道. 네가 말하지 않는다면 아는 사람이 없다.

我们只有努力学习, 才能学好汉语. 우리들은 열심히 공부해야만 비로서 중국어를 잘 배울 수가 있다.

要是你反对, 他会很失望. 만약 네가 반대하면, 그는 매우 실망할 것이다.

不管你来还是不来, 都要给我打个电话. 네가 오던 안 오던 관계없이 나에게 전화를 해줘야 한다

9. 양보

앞 절은 어떤 사실이나 가설을 인정한 후, 뒤 절에서 그러한 사설

이나 사실과 반대의 결론을 내린다. '即使…, 也…'(설령~하더라도), '就是…, 也…'(설사~하더라도~하다), '哪怕…也…'(설령~하더라도) 등을 사용한다.

就是给我千百万, 我也不能做这件事. 설령 나에게 수천 수백만을 준다 하더라도, 나는 이 일을 할 수가 없다.
为了报国, 哪怕是砍头也不能投降. 보국을 위해서는 설령 목이 잘린다 해도 투항할 수 없다.

□ 여러 가지 복문

복문에는 형식상 단문과 같지만 실제로는 복문의 의미를 나타내는 문장이다. 두 개의 술어 사이에는 서로 수식이나 보완관계가 없다. 구절 중간에 쉼표도 없어 형식상으로는 하나의 단문처럼 보인다. 문장이 간결하고 표현하는 의미가 정확한 것이 특징이다.

你能参加就来. 네가 참가할 수 있다면 오너라.

위의 문장은 단문의 형식이지만, 두 개의 동사 술어가 있는 복문이다. 원래 如果你能参加, 就来.의 복문이 긴밀히 압축되어 만들어진 것이다.

① 一 … 就 … : ~하자마자 ~하다

我们一到家就吃饭. 우리는 집에 도착하자마자 밥을 먹었다.
明天一起床我们就去爬山. 내일 일어나자마자 우리 등산가자.

② … 也 … : ~해도

怎么修也不好用了. 아무리 수리해도 사용할 수가 없다.
他说什么也不敢收. 그가 뭐라고 하든 받지 못한다.

③ 越 … 越 … / 越来越 … : ~할수록 점점 ~하다

天气越来越热. 날씨가 점점 더 더워진다.
我们的课越来越难了. 우리 수업은 갈수록 어려워진다.

④ 不 … 不 … : ~하지 않으면 ~하지 않다

东西不好不要. 물건이 좋지 않으면 필요 없다.

不要不行, 一定要收下. 안 된다고 하지 말고, 꼭 받아라.

참고문헌

刘月华, 潘文娱, 故韡 著,《实用现代汉语语法》, 外语教学与研究出版社, 1983.

赵永新 编著, 汉语语法概要, 北京语言学院出版社, 1991.

房玉清 著, 实用汉语语法, 北京语言学院出版社, 1992.

孙德金 著, 汉语语法教程, 北京语言学院出版社, 2002.

香坂顺一 著, 정헌철 편역, 중국어학입문, 고려원, 1986.

中国语の构文, 王亚新 著, アルク, 2011.

허성도 역, 현대중국어어법론, 사람과 책, 1997.

박덕준 역, 중국어문법, 진명출판사, 1993.

임정빈 외, 중국어어법의 모든 것, 동양북스, 2012.

김종호, 중국어 쉬운 문법, 다락원, 2011.

정윤철, 현대중국언어학개론, 소통, 2008.

김현철 외, 현대한어 어법연구과정, 차이나하우스, 2007.

맹주억, 현대중국어문법, 청년사, 1997.

최병덕 외, 현대중국어실용어법, 고려원, 1994.

박춘범, 실용 중국어 문법, 중문출판사, 延边, 1985.

장흥권, 현대언어학, 연변출판사, 1989.

김용운 외, 중국언어학개론, 중문출판사, 1994.

권정용 역, 해설종합현대중국어, 학고방, 1995.

양경애 역, 현대중국어문법, 지영사, 1994.

남궁양석, 중국어기초문법, 시사출판사, 1997.

영남대어문학연구실, 중국어문학논총, 중문출판사.

오길용

전북대학교 중어중문학과 졸업
전남대학교 대학원 문학석·박사
현 군산대학교 중어중문학과 교수

저서

새로운 한문의 세계, 중국어와 문화, 한문의 즐거움, 레벨업 중국어, 중국고전소설 강독, 영화로 이해하는 중국 근현대, 기초한자와 한문 익히기, 현대중국어 문법, 현대중국어의 기초, 중국 현대화의 길, 한중일 기초입문 1.2, 한문강독, 그외 다수

중국어 문형

기초중국어 교과교육 학습 다지기

초판 1쇄 발행 _ 2017년 8월 25일

저 자 • 오 길 용
발 행 인 • 정 현 걸
발 행 • 신 아 사
인 쇄 • 토탈프로세스
출판등록 • 1956년 1월 5일 (제9-52호)
주 소 • 서울시 은평구 통일로 59길 4(2F)
전 화 • 02)382-6411 · 팩스 02)382-6401
홈페이지 • www.shinasa.co.kr
E-MAIL • shinasa@daum.net

ISBN 978-89-8396-239-3 (93720)

정가 13,000원